마법 술술한자

지은이 **박두수**

- 한학자 집안에서 태어나 어려서부터 부친께 한문을 배우기 시작하여 가업을 잇는다는 정신으로 대학에서 한문을 전공하였습니다.

- 한자 때문에 힘들어서 울고 있는 어린 여학생을 보고, 저자도 어린 시절 부친께 한문을 배우면서 괴롭고 힘들었던 기억이 생각나 어떻게 하면 어려운 한자를 쉽게 가르칠 수 있을까 연구하였습니다.

- 오랜 시간 한자를 연구하여 새로운 뜻과 새로운 모양의 부수를 완성한 후 한자의 자원을 쉽게 풀이하고, 부수를 통해서 한자를 중국어 간화자로 변환시킬 수 있는 중국어 학습법을 개발하여 뜨거운 호응을 얻고 있습니다.

- 저자가 연구하여 완성한 새로운 뜻과 새로운 모양의 부수를 통해서 쉽게 배우는 한자와 중국어 간화자 학습법을 알리기 위하여 일간신문에 '박두수의 술술한자'를 연재하고 있습니다.

- 저서로는 새로운 뜻과 새로운 모양의 부수를 제시하여 전국 판매량 1위를 기록한 한자능력검정시험 수험서 《마법 술술한자》(전9권), 초등학교 교과서를 분석하여 초등학생의 눈높이에 맞는 한자 공부법을 제시한 《초등 학습 한자》(전6권), 한국어문회에서 실시하는 《한자능시 기출·적중 문제집 3급》, 대한상공회의소에서 실시하는 《상공회의소 한자시험 중급》 등이 있습니다.

이메일 : dshanja@naver.com
휴대폰 : 010-5052-5321

한국어문회 주관 | 한국한자능력검정회 시행

한자능력검정시험 **7급**

한자카드 수록

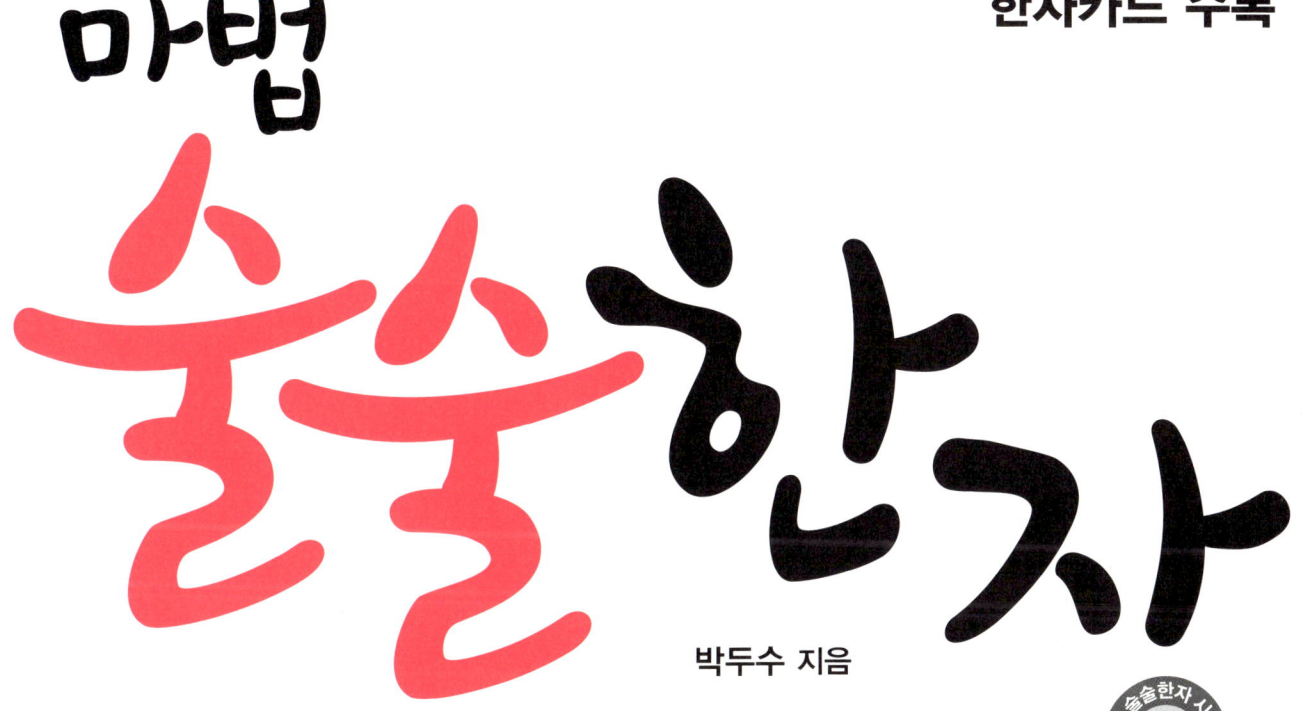

마법 술술한자

박두수 지음

평음 술술한자 시리즈 **3**

마법 **술술한자** 부수를 알면 한자가 쉽다!

중앙에듀북스

안녕하세요? 박두수입니다.

❗ 한자 학습 왜 해야 될까요?
- 한자는 세계 인구의 26%가 사용하는 동양권의 대표문자입니다.
- 우리말의 70% 이상을 차지하고 있는 것이 한자어입니다.

❗ 한자를 잘하면 왜 공부를 잘하게 될까요?
- 한자는 풍부한 언어 문자 생활과 다른 과목의 학습을 도와주는 역할을 합니다.
- 중학교 1학년 기본 10개 교과목에 2,122자의 한자로 약 14만 번의 한자어가 출현합니다.
- 한자표기를 통한 학습에서 43%가 학업성적이 향상되었습니다.

❗ 쓰기 및 암기 위주의 한자 학습 이제 바뀌어야 합니다.
- 한자는 뜻을 나타내는 표의자로 각 글자마다 만들어진 원리가 있습니다.
- 한자는 만들어진 원리를 생각하며 학습하면 쉽게 익힐 수 있습니다.

❗ 올바른 한자 학습을 위해서는 부수를 제대로 알아야 합니다.
- 부수는 한자를 이루는 최소 단위입니다.
  - ❶ 日(해) + 一(지평선) = 旦(아침 단)   **해가 지평선** 위로 떠오를 때는 **아침**이니
  - ❷ 囗(울타리) + 人(사람) = 囚(가둘 수)   **울타리** 안에 죄지은 **사람**을 **가두니**
  - ❸ 自(코) + 犬(개) = 臭(냄새 취)   **코**로 **개**처럼 **냄새** 맡으니
- 올바른 한자 학습을 위해서는 一(지평선), 囗(울타리), 自(코)를 뜻하는 것을 알아야 되겠지요?

❗ 술술한자 의 특색 및 구성

- 한자를 연구하여 새로운 뜻과 새로운 모양의 술술한자 부수를 완성하였습니다.
- 누구나 볼 수 있도록 초등학생 수준에 맞추어 풀이를 쉽게 하였습니다.
- 한자를 나누고 자원을 생각하며 공부할 수 있도록 구성하였습니다.
- 지속적인 반복과 실력을 확인할 수 있도록 다양한 평가를 구성하였습니다.

"선생님! 해도 해도 안 돼요. 한자가 너무 어려워요."

이렇게 말하면서 울먹이던 어린 여학생의 안타까운 눈망울을 보며 '어떻게 하면 한자를 쉽게 익힐 수 있을까' 오랜 시간 기도하며 연구하였습니다.

누구나 한자와 보다 쉽게 친해지게 하려는 열정만으로 쓴 책이라 부족함이 많습니다.

한자의 자원을 정확히 알기는 어렵습니다. 아직 4% 정도만 자원을 제대로 유추할 수 있다고 합니다. 다양한 또 다른 자원이 가능하다는 뜻입니다.

부디 술술한자가 한자와 친해지는 계기가 되고 여러분께 많은 도움이 되기를 진심으로 기도합니다.

오랫동안 한자를 지도해 주시거나 주야로 기도해 주신 분들과 술술한자가 출간될 수 있도록 도움을 주신 모든 분들께 진심으로 사랑과 감사의 말씀드립니다.

박두수 올림

한자 쉽게 익히는 법

❗ 한자는 무조건 쓰고 외우지 마세요.

1. 한자는 뜻을 나타내는 표의자입니다. 각 글자마다 형성된 원리가 있습니다.

   > **예**
   > 鳴(울 명) : **입**(口)으로 **새**(鳥)는 울까요? 짖을까요? **울지요!** 그래서 울 명
   > 吠(짖을 폐) : **입**(口)으로 **개**(犬)는 울까요? 짖을까요? **짖지요!** 그래서 짖을 폐

2. 한자는 모양이 비슷한 글자가 너무나 많아 무조건 쓰고 외우는 데는 한계가 있습니다.

   > **예**
   > 閣(집 각) 間(사이 간) 開(열 개) 聞(들을 문) 問(물을 문) 閉(닫을 폐) 閑(한가할 한)

❗ 그럼 어떻게 공부해야 한자를 쉽게 익힐 수 있을까요?

1. 먼저 한자를 나누어 왜 이런 글자들이 모여서 이런 뜻을 나타내게 되었는지 생각해 보세요.

   > **예**
   > 休(쉴 휴) = 亻(사람 인) + 木(나무 목)
   > 왜? 亻(사람)과 木(나무)가 모여서 休(쉴 휴)가 되었을까요?
   > **사람**(亻)이 햇빛을 피해 **나무**(木) 밑에서 **쉬었겠지요?** 그래서 쉴 휴

2. 한자를 익힌 다음은 그 글자가 쓰인 단어와 뜻까지 익히세요.

   > **예**
   > 休日(휴일) : 쉬는 날
   > 休學(휴학) : 일정기간 학업을 쉼

3. 그 다음 단어가 쓰인 예문을 통해서 한자어를 익히세요.

   > **예**
   > 그는 休日 아침마다 늦잠을 잔다.
   > 형은 가정 형편이 어려워 休學 중이다.

4. 비슷한 글자끼리 연관 지어 익히세요.

   > **예**
   >
   > | 門 | + 日 = 間(사이 간) | 문(門)틈 **사이**로 해(日)가 비치니 |
   > |---|---|---|
   > | | + 耳 = 聞(들을 문) | 문(門)에 귀(耳)를 대고 **들으니** |
   > | | + 口 = 問(물을 문) | 문(門)에 대고 입(口) 벌려 **물으니** |

그래서 이렇게 만들었어요

❗ **모든 한자를 가능한 한 자원으로 풀이했습니다.**

> 예 生(날 생, 살 생) 풀이

- '초목이 땅에 나서 자라는 모양'이라고 합니다. 하지만 술술한자는
- '사람(ㅅ)은 땅(土)에서 나 살아가니' 그래서 날 생, 살 생 이렇게 자원으로 풀이했습니다.

❗ **자원 풀이를 쉽게 했습니다.**

- 자원 풀이 한자교재가 많지만 너무 학술적이어서 이해하기가 어렵습니다.
- 술술한자는 초등학생 수준에 맞추어 풀이를 쉽게 하였습니다.

> 예 族(겨레 족) 풀이

- '깃발(㫃) 아래 화살(矢)을 들고 모여 겨레를 이루니'라고 합니다. 하지만 술술한자는
- '사방(方)에서 사람(ㅅ)과 사람(ㅅ)들이 모여 큰(大) 겨레를 이루니' 이렇게 쉽게 풀이했습니다.

❗ **모든 한자를 쓰는 순서대로 자원을 풀이했습니다.**

- 쓰는 순서를 무시한 자원 풀이는 활용하기가 어렵습니다.

> 예 囚(가둘 수) = 울타리(口) 안에 죄지은 사람(人)을 가두니

❗ **자원 풀이와 한자 쓰기가 한곳에 있어 학습에 많은 도움이 됩니다.**

- 자원 풀이 밑에 곧바로 쓰는 빈칸이 있어 자원을 보고 한자를 쓰면서 익힐 수 있습니다.

❗ **철저히 자원 풀이에 입각한 학습을 하도록 구성하였습니다.**

- 술술한자는 자원을 보며 한자를 쓸 수 있도록 본문을 구성했으며, 연습과 평가 부분도 자원을 생각하며 한자를 익힐 수 있도록 구성하였습니다.

❗ **배운 한자를 활용한 단어학습과 예문으로 어휘력을 길러줍니다.**

- 배운 글자로만 단어를 구성하여 학습하기가 쉽습니다.
- 모든 단어는 한자를 활용하여 직역 위주로 풀이하였습니다.
- 예문을 통하여 단어를 익힐 수 있도록 모든 단어는 예문을 실었습니다.

❗ **학교 교과서에 자주 나오는 한자어를 분석하여 실었습니다.**

- 교과서에 자주 나오는 한자어의 뜻을 한자를 통해 쉽게 익힐 수 있습니다.

이 책은 이렇게 학습하세요

🔴 **해당 급수 신습한자를 50자씩 가나다순으로 배열하여 한눈에 익히도록 하였습니다.**

- 본문 학습 후 먼저 뜻과 음 부분을 가린 후 읽기를 점검하세요.
- 한자의 뜻과 음을 익히고 나면 한자와 부수 부분을 가린 후 쓰기를 점검하세요.

❶ **8**: 한자능력검정시험 급수 표시

❷ **1 2**: 첫 번째 점검 후 틀린 글자는 번호 **1** 란에 표시를 하고, 두 번째 점검 후 틀린 글자는 번호 **2** 란에 표시를 하여 완전히 익히도록 합니다.

❸ **敎**: 신습한자   ❹ **攵**: 부수   ❺ **가르칠**: 뜻   ❻ **교**: 음

🔴 **1회 학습량은 10자 단위로 구성하였습니다.**

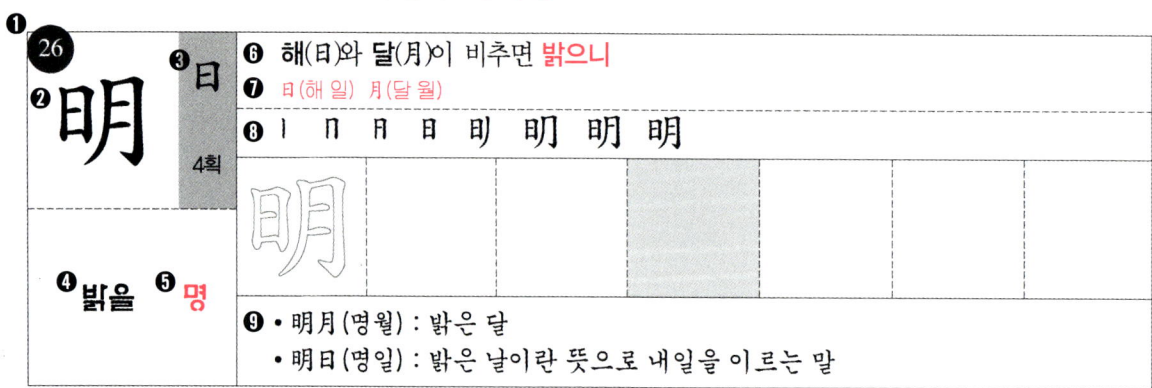

❶ **26**: 신습한자 번호

❷ **明**: 신습한자

❸ **日** 4획 : 부수와 부수를 제외한 획수

❹ **밝을**: 뜻

❺ **명**: 음

❻ **해(日)와 달(月)이 비추면 밝으니** : 글자를 나누어 쓰는 순서대로 풀이했습니다.
  → 한자는 무조건 쓰고 외우기보다는 日(해 일)과 月(달 월)이 모여 왜 明(밝을 명)이 되었는지 자원을 이해한 후 읽으면서 써야 오래 기억됩니다.

❼ 日(해 일) 月(달 월) : 부수 설명 및 보충

❽ 丨 冂 月 日 刖 明 明 明 : 필순

❾ 明日(명일) : 배운 글자로만 단어를 구성하였으며 직역 위주로 풀이를 하였습니다.

❗ 자원으로 한자와 부수를 익히는 부분입니다.

> **자원으로 한자 알기**
>
> * 해(　)와 달(月)이 비추면 **밝으니**　　☞
> * 문(門)에 귀(　)를 대고 **들으니**　　☞
> * 문(門)에 대고 입(　) 벌려 **물으니**　　☞
> * 사람(　)이 나무(木)에 기대어 **쉬니**　　☞

(　) 안에 들어가는 日(해 일)이 明(밝을 명)의 부수입니다.

(　) 안에 부수 日을 쓰고 ☞ 오른쪽에 한자 明을 쓰세요.

> **예**　해(日)와 달(月)이 비추면 **밝으니**　　☞ 明

❗ 심화 학습하는 부분입니다.

> 一思多得

❶ 敎(가르칠 교)　校(학교 교) 쓰임에 주의하세요.

　敎(가르칠 교) : 敎師(교사)　敎室(교실)　敎訓(교훈)
　校(학교 교) : 校歌(교가)　校門(교문)　校長(교장)

❗ 문제와 해답

다양한 형식의 문제들에 대한 해답은 해당 문제의 앞뒤 페이지나 위아래에 위치한 반대 유형의 문제를 참고하시면 됩니다.

차례

- ❖ 안녕하세요? 박두수입니다. _4
- ❖ 한자 쉽게 익히는 법 _6
- ❖ 그래서 이렇게 만들었어요 _7
- ❖ 이 책은 이렇게 학습하세요 _8

본문 익히기 _11
- ❖ 신습한자 일람표
- ❖ 자원으로 한자 알기
- ❖ 한자를 나누고 자원을 쓰면서 익히기
- ❖ 한자어 독음 및 한자 쓰기
- ❖ 예문으로 한자어 익히기

종합평가 _85
- ❖ 훈음 및 한자 쓰기
- ❖ 배우고 익히기
- ❖ 교과서 주요 한자어 익히기

부 록 _95
- ❖ 반대자
- ❖ 반대어
- ❖ 유의자
- ❖ 동음이의어
- ❖ 사자성어
- ❖ 약자
- ❖ 한자 카드 : 7Ⅱ, 7급 한자 + 활용 단어

본문 익히기

8

읽기? 뜻, 음을 가리고 읽어본 후 틀린 글자는 V표 하세요.
쓰기? 한자와 부수를 가리고 써본 후 틀린 글자는 V표 하세요.

읽기 1	2	한자	부수	뜻	음	쓰기 1	2
		敎	攵	가르칠	교		
		校	木	학교	교		
		九	乙	아홉	구		
		國	囗	나라	국		
		軍	車	군사	군		
		金	金	쇠	금		
		南	十	남녘	남		
		女	女	계집	녀		
		年	干	해	년		
		大	大	큰	대		
		東	木	동녘	동		
		六	八	여섯	륙		
		萬	艹	일만	만		
		母	毋	어미	모		
		木	木	나무	목		
		門	門	문	문		
		民	氏	백성	민		
		白	白	흰	백		
		父	父	아비	부		
		北	匕	북녘	북		
		四	囗	넉	사		
		山	山	산	산		
		三	一	석	삼		
		生	生	날	생		
		西	西	서녘	서		

읽기 1	2	한자	부수	뜻	음	쓰기 1	2
		先	儿	먼저	선		
		小	小	작을	소		
		水	水	물	수		
		室	宀	집	실		
		十	十	열	십		
		五	二	다섯	오		
		王	玉	임금	왕		
		外	夕	바깥	외		
		月	月	달	월		
		二	二	둘	이		
		人	人	사람	인		
		一	一	한	일		
		日	日	날	일		
		長	長	길	장		
		弟	弓	아우	제		
		中	丨	가운데	중		
		靑	靑	푸를	청		
		寸	寸	마디	촌		
		七	一	일곱	칠		
		土	土	흙	토		
		八	八	여덟	팔		
		學	子	배울	학		
		韓	韋	나라	한		
		兄	儿	형	형		
		火	火	불	화		

7Ⅱ 신습한자

읽기? 뜻, 음을 가리고 읽어본 후 틀린 글자는 V표 하세요.
쓰기? 한자와 부수를 가리고 써본 후 틀린 글자는 V표 하세요.

읽기 1	읽기 2	한자	부수	뜻	음	쓰기 1	쓰기 2
		家	宀	집	가		
		間	門	사이	간		
		江	氵	강	강		
		車	車	수레	거		
		工	工	장인	공		
		空	穴	빌	공		
		氣	气	기운	기		
		記	言	기록할	기		
		男	田	사내	남		
		內	入	안	내		
		農	辰	농사	농		
		答	竹	대답할	답		
		道	辶	길	도		
		動	力	움직일	동		
		力	力	힘	력		
		立	立	설	립		
		每	母	매양	매		
		名	口	이름	명		
		物	牛	물건	물		
		方	方	모	방		
		不	一	아닐	불		
		事	亅	일	사		
		上	一	윗	상		
		姓	女	성	성		
		世	一	세대	세		

읽기 1	읽기 2	한자	부수	뜻	음	쓰기 1	쓰기 2
		手	手	손	수		
		市	巾	시장	시		
		時	日	때	시		
		食	食	밥	식		
		安	宀	편안할	안		
		午	十	낮	오		
		右	口	오른쪽	우		
		子	子	아들	자		
		自	自	스스로	자		
		場	土	마당	장		
		全	入	온전할	전		
		前	刂	앞	전		
		電	雨	번개	전		
		正	止	바를	정		
		足	足	발	족		
		左	工	왼쪽	좌		
		直	目	곧을	직		
		平	干	평평할	평		
		下	一	아래	하		
		漢	氵	한나라	한		
		海	氵	바다	해		
		話	言	말씀	화		
		活	氵	살	활		
		孝	子	효도	효		
		後	彳	뒤	후		

13

7

읽기? 뜻, 음을 가리고 읽어본 후 틀린 글자는 V표 하세요.
쓰기? 한자와 부수를 가리고 써본 후 틀린 글자는 V표 하세요.

읽기 1	읽기 2	한자	부수	뜻	음	쓰기 1	쓰기 2
		歌	欠	노래	가		
		口	口	입	구		
		旗	方	기	기		
		冬	冫	겨울	동		
		同	口	같을	동		
		洞	氵	마을	동		
		登	癶	오를	등		
		來	人	올	래		
		老	老	늙을	로		
		里	里	마을	리		
		林	木	수풀	림		
		面	面	얼굴	면		
		命	口	명령할	명		
		問	口	물을	문		
		文	文	글월	문		
		百	白	일백	백		
		夫	大	사내	부		
		算	竹	셈	산		
		色	色	빛	색		
		夕	夕	저녁	석		
		少	小	적을	소		
		所	戶	곳	소		
		數	攵	셈	수		
		植	木	심을	식		
		心	心	마음	심		

읽기 1	읽기 2	한자	부수	뜻	음	쓰기 1	쓰기 2
		語	言	말씀	어		
		然	灬	그럴	연		
		有	月	있을	유		
		育	月	기를	육		
		邑	邑	고을	읍		
		入	入	들	입		
		字	子	글자	자		
		祖	示	할아비	조		
		主	丶	주인	주		
		住	亻	살	주		
		重	里	무거울	중		
		地	土	땅	지		
		紙	糹	종이	지		
		千	十	일천	천		
		天	大	하늘	천		
		川	川	내	천		
		草	艹	풀	초		
		村	木	마을	촌		
		秋	禾	가을	추		
		春	日	봄	춘		
		出	凵	날	출		
		便	亻	편할	편		
		夏	夂	여름	하		
		花	艹	꽃	화		
		休	亻	쉴	휴		

7Ⅱ 신습한자

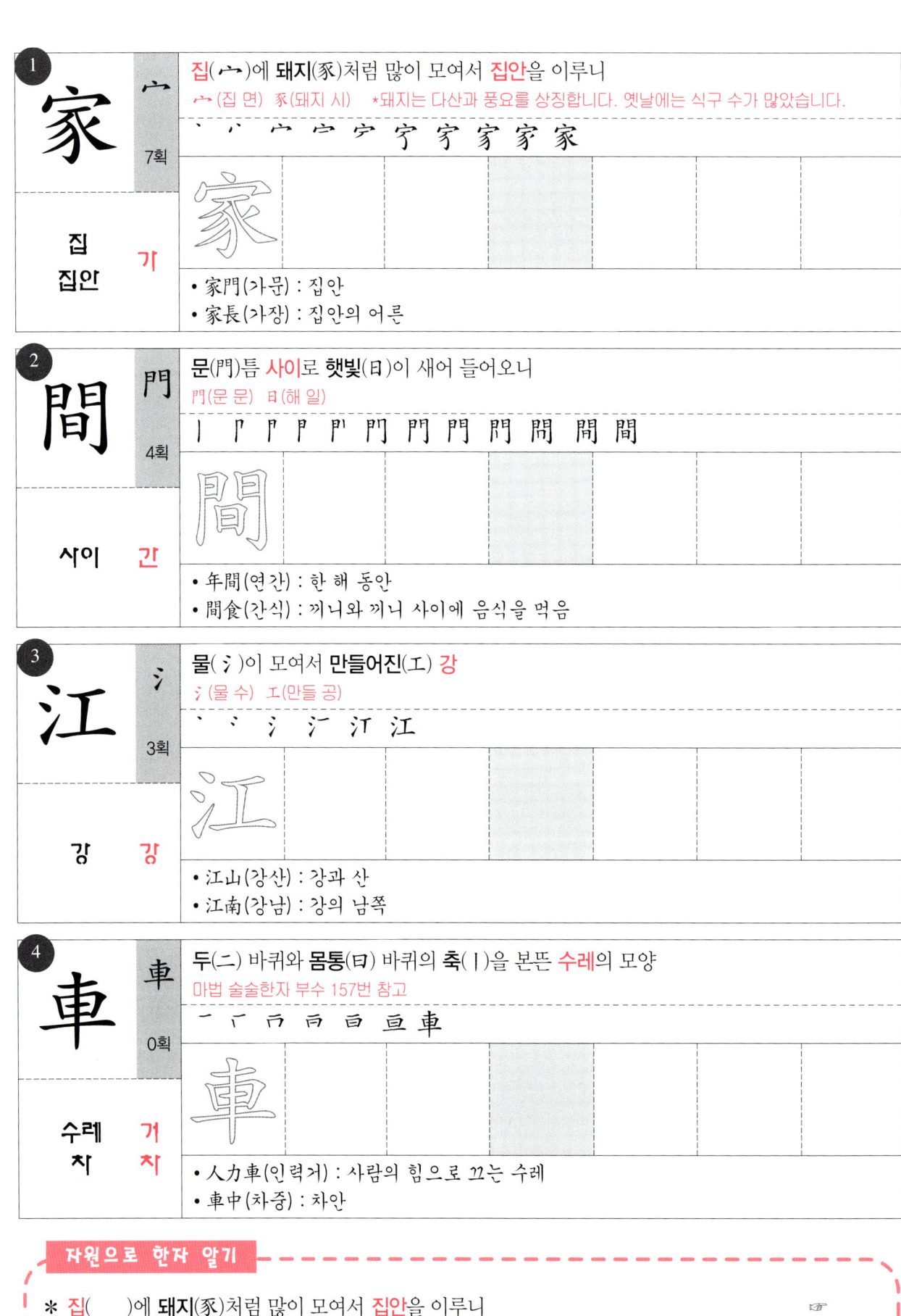

자원으로 한자 알기

* 집(   )에 **돼지**(豕)처럼 많이 모여서 **집안**을 이루니
* 문(   )틈 **사이**로 **햇빛**(日)이 새어 들어오니
* 물(   )이 모여서 **만들어진**(工) **강**
* 두(二) 바퀴와 **몸통**(日) 바퀴의 **축**(丨)을 본뜬 **수레**의 모양

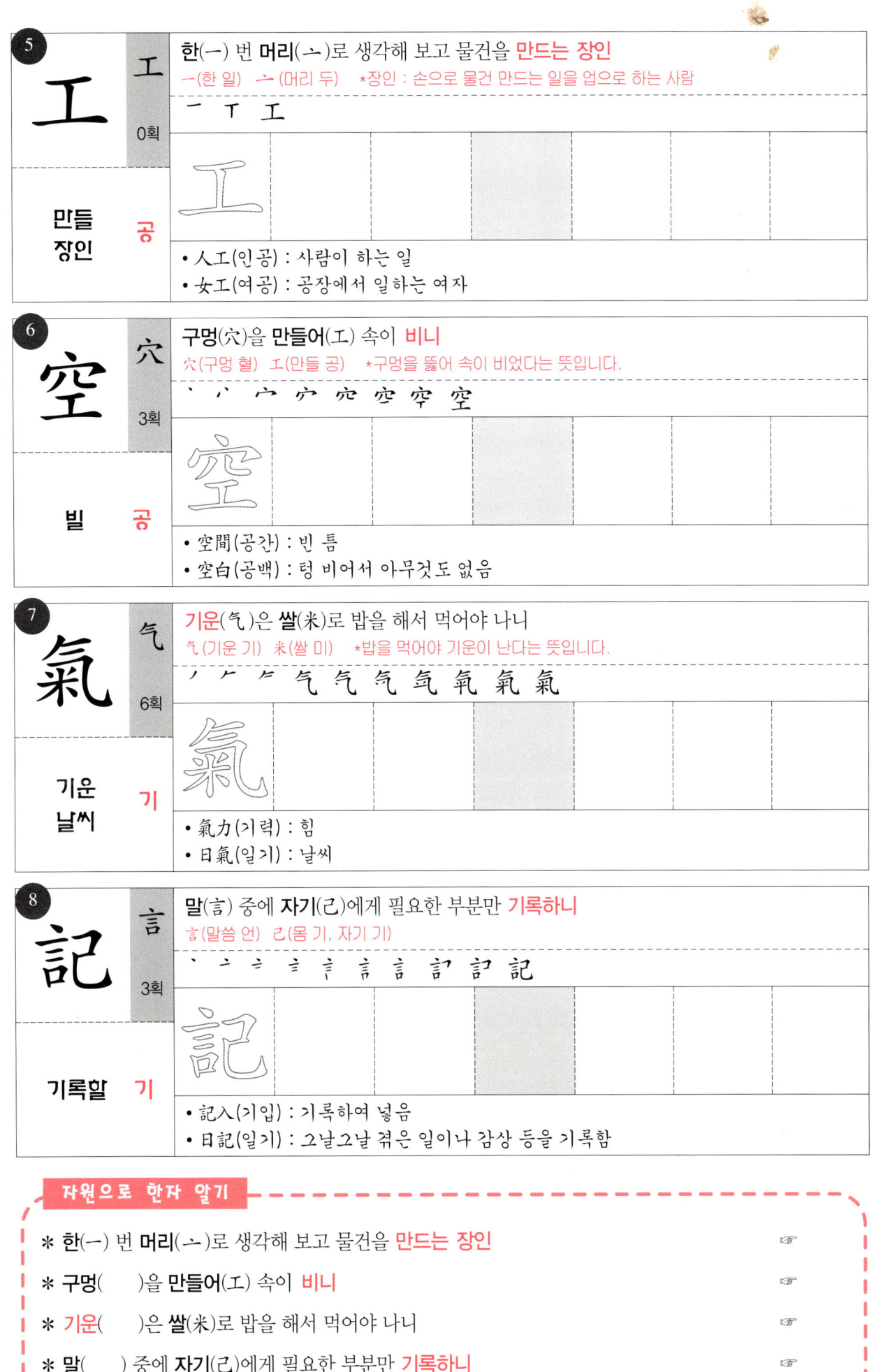

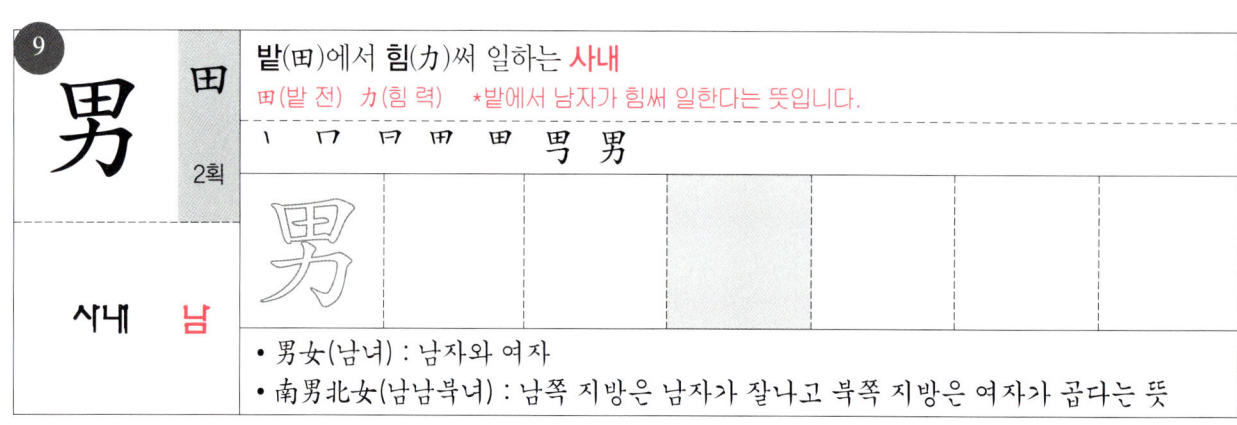

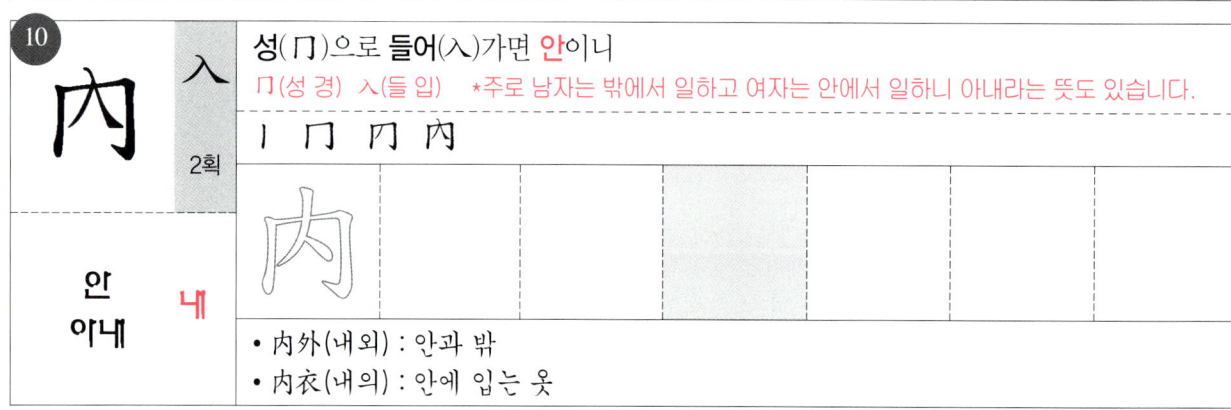

자원으로 한자 알기

* 밭(　　)에서 힘(力)써 일하는 사내　　　☞
* 성(冂)으로 들어(　　)가면 안이니　　　☞

一思多得

1 家(전문가 가)

집(宀)에서 돼지(豕)처럼 먹고 살며 연구하니 **전문가**라는 뜻도 있습니다.

大家(대가) : 학문, 기술 등 어느 한 분야의 전문가

4 車(수레 거, 차 차) 음에 주의하세요.

사람의 힘으로 움직이는 것은 .... **수레 거**

人力車(인력거) : 사람의 힘으로 끄는 수레

사람의 힘을 이용하지 않고 동력을 이용하는 것은 .... **차 차**

自動車(자동차) : 원동기를 장치하여 그 동력으로 바퀴를 굴려서 움직이는 차

6 空(하늘 공)

구멍(穴)처럼 만들어(工) 놓은 **하늘**이란 뜻도 있습니다.

上空(상공) : 높은 하늘

다음 한자를 나누고 **자원**을 쓰면서 익히세요.

한자			
家 (집 가)	=	+	
間 (사이 간)	=	+	
江 (강 강)	=	+	
車 (수레 거)	=	+	+
工 (장인 공)	=	+	
空 (빌 공)	=	+	
氣 (기운 기)	=	+	
記 (기록할 기)	=	+	
男 (사내 남)	=	+	
內 (안 내)	=	+	

다음 한자어의 **독음**을 쓰세요.

家門	家長	年間	間食
江山	江南	車中	人工
女工	空間	空白	氣力
日氣	記入	日記	男女
內外	內衣		

다음 한자어를 **한자**로 쓰세요.

집안 가 집안 문	해 년 사이 간	강 강 산 산	차 차 가운데 중
사람 인 만들 공	빌 공 틈 간	기운 기 힘 력	기록할 기 들 입
사내 남 계집 녀	안 내 바깥 외	집안 가 어른 장	사이 간 먹을 식
강 강 남녘 남	계집 녀 장인 공	빌 공 빌 백	날 일 날씨 기
날 일 기록할 기	안 내 옷 의		

예문으로 한자어 익히기 (한자로 쓰인 단어의 뜻을 써보세요.)

1. 家門을 빛내다.

2. 아버지는 한 집안의 家長이다.

3. 年間 수입이 크게 늘었다.

4. 저녁 식사를 하기 전 그들은 間食으로 삶은 고구마를 먹었다.

5. 십 년이면 江山도 변한다.

6. 봄이 되면 江南 갔던 제비가 돌아온다.

7. 돌아오는 길에 친구를 우연히 車中에서 만났다.

8. 요즘은 김 양식도 포자를 人工으로 부착시켜서 하지 않아요?

9. 밤새 일한 女工들은 무척 피곤해 보였다.

10. 불필요한 물건들이 좁은 空間을 다 차지했다.

11. 의문 나는 점은 책의 空白에 기록해 두었다.

12. 두려움을 없애려고 氣力을 다하여 고함을 질렀다.

13. 다행히 日氣가 좋아 제주도 여행을 잘 다녀왔다.

14. 편지봉투에 주소를 정확히 記入해야 한다.

15. 밀린 日記 숙제를 하느라 하루 종일 친구와 놀지도 못했다.

16. 한 쌍의 男女가 다정히 손을 잡고 걷고 있다.

17. 경기장 內外를 가득 메운 관중들

18. 한겨울에는 內衣를 입어 몸을 따뜻하게 보호해야 한다.

11 農 (6획) — 농사 농

辰

몸을 **구부리고**(曲) **별**(辰)이 뜨는 밤까지 **농사**를 지으니

曰(말할 왈) ㅣ(뚫을 곤) 辰(별 진)   *바쁜 농사철에는 별이 뜨는 밤까지 일을 해도 할 일이 많죠?

丨 冂 曰 由 曲 曲 曲 芇 芇 豊 農 農 農

*曲(굽을 곡) : 말(曰)을 위로 두 번이나 뚫어(ㅣ) 굽었음을 알리니
- 農民(농민) : 농사짓는 사람

12 答 (6획) — 대답할 답

竹

대(竹)쪽을 **합하여**(合) 글을 써 **대답**하니

竹(대 죽)   *종이가 발명되기 전에는 대를 쪼개어 조각을 엮어서 그 위에 글을 쓰고 하였습니다.

丿 ㅏ ㅓ 丬 ㅐ 竹 竺 竺 䇹 答 答

*合(합할 합) : 사람(人)들이 하나(一)로 입(口)을 합하니
- 文答(문답) : 글로 하는 회답

13 道 (9획) — 길 도

辶

우두머리(首)를 따라 **뛰어**(辶) 가는 **길**

首(우두머리 수) 辶(뛸 착)   *우두머리가 앞서가면 그 뒤를 따라 간다는 뜻입니다.

丶 丷 丷 丷 首 首 首 首 道 道 道 道

- 車道(차도) : 차가 다니는 길
- 人道(인도) : 사람이 다니는 길

14 動 (9획) — 움직일 동

力

무거운(重) 것이라도 **힘**(力)을 가하면 **움직**이니

千(일천 천) 里(거리 리) 力(힘 력)

丿 一 二 千 千 千 重 重 重 動 動

*重(무거울 중) : 천(千) 리나 되는 먼 거리(里)에 떨어져 있어 마음이 무거우니
- 手動(수동) : 손의 힘으로 움직임

자원으로 한자 알기

* 몸을 **구부리고**(曲) **별**(   )이 뜨는 밤까지 **농사**를 지으니   ☞
* **대**(   )쪽을 **합하여**(合) 글을 써 **대답**하니   ☞
* **우두머리**(首)를 따라 **뛰어**(   ) 가는 **길**   ☞
* **무거운**(重) 것이라도 **힘**(   )을 가하면 **움직이니**   ☞

15 力 힘 력	力 0획	칼(刀)을 들고 **힘**쓸 때 근육이 불거진 모양 마법 술술한자 부수 19번 참고 フ 力 • 人力(인력) : 사람의 힘 • 動力(동력) : 움직이게 하는 힘
16 立 설 립	立 0획	머리(亠)로 생각하고 **나누어**(丷) 땅(一)에 **세우니** 亠(머리 두) 丷(나눌 팔) 一(땅 일) 丶 亠 亍 立 立 • 立木(입목) : 서 있는 산 나무 • 自立(자립) : 남에게 의지하지 아니하고 스스로 섬
17 每 매양 매	母 3획	사람(𠂉)은 어머니(母)를 **매양**(항상) 생각하니 𠂉(사람 인) 母(어미 모) *사람은 어머니를 항상 생각하며 그리워한다는 뜻입니다. 丿 𠂉 仁 뇨 每 每 每 • 每日(매일) : 날마다 • 每年(매년) : 해마다
18 名 이름 이름날 명	口 3획	저녁(夕)에는 어두워 입(口)으로 **이름**을 불러 확인하니 夕(저녁 석) 口(입 구) *저녁에는 어두워서 누가 누구인지 구분이 잘 되지 않죠? 丿 ク 夕 夕 名 名 • 名山(명산) : 이름난 산 • 名言(명언) : 사리에 맞는 훌륭한 말

자원으로 한자 알기

* 칼(刀)을 들고 **힘**쓸 때 근육이 불거진 모양
* 머리(亠)로 생각하고 **나누어**(丷) 땅(一)에 **세우니**
* 사람(𠂉)은 어머니(母)를 **매양**(항상) 생각하니
* 저녁(夕)에는 어두워 입(　)으로 **이름**을 불러 확인하니

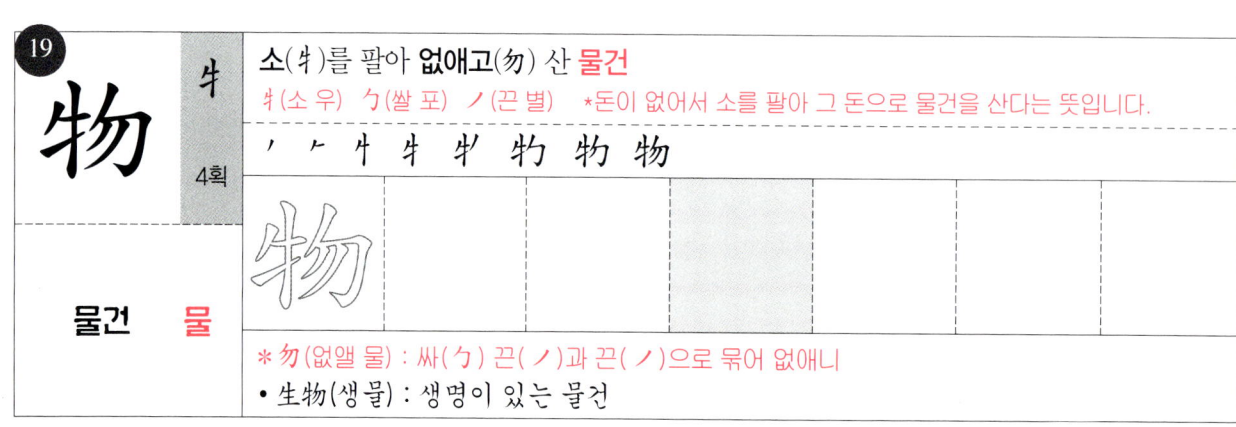

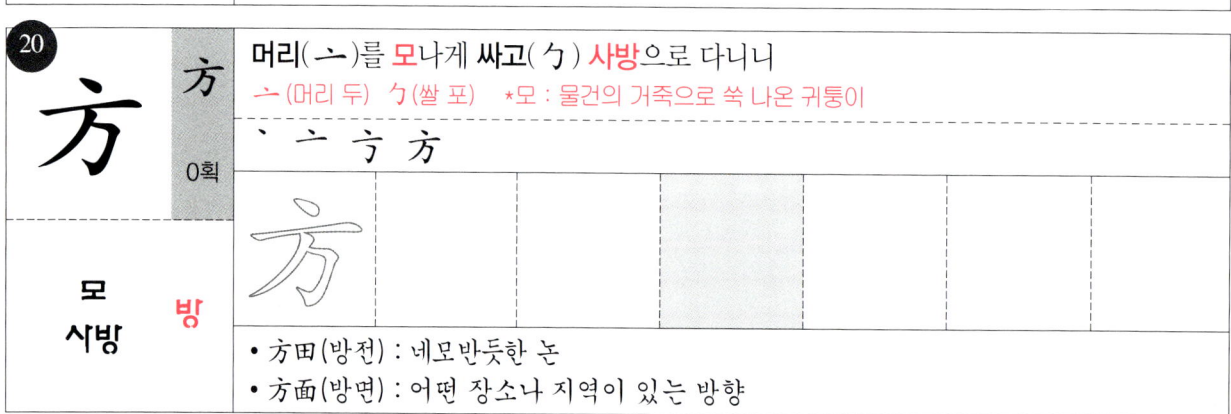

자원으로 한자 알기

* 소(　　)를 팔아 **없애고**(勿) 산 **물건**　　☞
* 머리(亠)를 **모**나게 **싸고**(勹) **사방**으로 다니니　　☞

一思多得

⑬ 道(도리 도)

마땅히 행해야 할 바른 길이라는 의미에서 **도리**라는 뜻도 있습니다.

孝道(효도) : 부모를 잘 섬기는 도리

田	+	力	= 男(사내 **남**)	밭(田)에서 **힘**(力)써 일하는 **사내**
重	+		= 動(움직일 **동**)	**무거운**(重) 것이라도 **힘**(力)을 가하면 **움직이니**

⑳ 方(모 방)

모 : 1. 물건의 거죽으로 쑥 나온 귀퉁이
　　 2. 공간의 구석이나 모퉁이
　　 3. 선과 선의 끝이 만난 곳

다음 한자를 나누고 **자원**을 쓰면서 익히세요.

農 (농사 농) = ☐ + ☐

答 (대답할 답) = ☐ + ☐

道 (길 도) = ☐ + ☐

動 (움직일 동) = ☐ + ☐

力 (힘 력) =

立 (설 립) = ☐ + ☐ + ☐

每 (매양 매) = ☐ + ☐

名 (이름 명) = ☐ + ☐

物 (물건 물) = ☐ + ☐

方 (모 방) = ☐ + ☐

25

다음 한자어의 **독음**을 쓰세요.

農 民	文 答	車 道	人 道
手 動	人 力	動 力	立 木
自 立	每 日	每 年	名 山
名 言	生 物	方 田	方 面

 다음 한자어를 **한자**로 쓰세요.

농사 농	백성 민	글월 문	대답할 답	차 차	길 도	손 수	움직일 동
사람 인	힘 력	설 립	나무 목	매양 매	날 일	이름날 명	산 산
살 생	물건 물	모 방	밭 전	사람 인	길 도	움질일 동	힘 력
스스로 자	설 립	매양 매	해 년	훌륭할 명	말씀 언	방위 방	향할 면

예문으로 한자어 익히기(한자로 쓰인 단어의 뜻을 써보세요.)

1. **農民**에게는 땅이 가장 소중한 보물이다.

2. 일주일 내에 **文答**을 보내세요.

3. 촛불 시위를 진압하기 위해 경찰은 **車道**를 막았다.

4. 버스가 **人道**로 뛰어들어 행인이 크게 다치는 사고가 발생했다.

5. 이 장난감은 **手動**으로 움직일 수 있는 것이다.

6. 죽고 사는 일은 **人力**으로는 해결할 수 없다.

7. **動力**을 공급하자 기계가 작동하였다.

8. 전차 부대가 **立木**을 무너뜨리며 진격했다.

9. 성인이 되면 부모의 도움 없이 **自立**해야 한다.

10. 엄마는 아이에게 **每日** 일기를 쓰도록 했다.

11. 지구의 기온이 **每年** 조금씩 상승하고 있다.

12. 한국의 **名山**에는 곳곳에 사찰이 있다.

13. '아는 것이 힘이다'는 베이컨이 한 **名言**이다.

14. 겨울을 날 **生物**들은 벌써부터 겨우살이 준비를 시작했다.

15. 평야지대에는 **方田**이 많다.

16. 인천 **方面**으로 가던 지하철이 고장이 났다.

21. 不 (아닐 불) — 3획

하나(一)의 **작은**(小) 실수도 해서는 **안 되니**
一(한 일) 小(작을 소)

一 ㄱ 不 不

- 不動(부동) : 움직이지 않음
- 不足(부족) : 넉넉하지 못함

22. 事 (일 사) — 7획

하나(一)같이 **입**(口)에 먹고 살려고 **손**(彐)에 **갈고리**(亅)를 들고 **일**하니
一(한 일) 口(입 구) 彐(손 우) 亅(갈고리 궐) *하나같이 손에 갈고리를 들고 일한다는 뜻입니다.

一 ㄱ ㄱ 百 写 写 事

- 記事(기사) : 사실을 기록함
- 事物(사물) : 일과 물건을 아울러 이르는 말

23. 上 (윗/오를 상) — 2획

점치려고(卜) **땅**(一) 위로 **오르니**
卜(점칠 복) 一(땅 일)

丨 卜 上

- 江上(강상) : 강의 위
- 北上(북상) : 북쪽으로 올라감

24. 姓 (성 성) — 5획

여자(女)가 아기를 **낳으면**(生) **성**이 붙으니
女(계집 녀) 生(날 생) *여자가 아기를 낳으면 아기에게 성과 이름이 생긴다는 뜻입니다.

ㄑ 女 女 女 女 妕 姓 姓

- 姓名(성명) : 성과 이름
- 姓氏(성씨) : 성을 높여 부르는 말

자원으로 한자 알기

* 하나(   )의 **작은**(小) 실수도 해서는 **안 되니** ☞
* 하나(一)같이 **입**(口)에 먹고 살려고 **손**(彐)에 **갈고리**(   )를 들고 **일**하니 ☞
* **점치려고**(卜) **땅**(   ) 위로 **오르니** ☞
* **여자**(   )가 아기를 **낳으면**(生) **성**이 붙으니 ☞

25 世 (4획) — 세대, 세상 / 세

십(十)이 세 개로 30이니 **세대**(약 30년 정도 되는 기간)을 뜻함
十(열 십)   *세대 : 어린아이가 성장하여 부모 일을 계승할 때까지의 약 30년 정도 되는 기간

一 十 卅 丗 世

- 世子(세자) : 왕위를 이을 아들
- 世上(세상) : 사람이 살고 있는 지구 위

26 手 (0획) — 손 / 수

손가락을 편 **손**의 모양
마법 술술한자 부수 62번 참고

ノ 二 三 手

- 手工(수공) : 손으로 하는 공예
- 手記(수기) : 자기의 체험을 손수 기록함

27 市 (2획) — 시장, 행정구역 / 시

머리(亠)에 **수건**(巾)을 두르고 **시장**에 가니
亠(머리 두) 巾(수건 건)   *옛날 여자들은 머리에 수건이나 헝겊을 두르고 시장에 갔지요?

丶 一 亠 市 市

- 市道(시도) : 시장 안의 길
- 市長(시장) : 행정구역인 시를 대표하는 우두머리

28 時 (6획) — 때 / 시

해(日)의 위치를 보고 **관청**(寺)에서 **때**를 알리니
日(해 일) 土(땅 토) 寸(규칙 촌)   *시계가 없던 옛날에는 관청에서 종을 쳐 때를 알려 주었죠?

丨 冂 日 日 日⁺ 旪 旪 時 時

- *寺(절 사, 관청 시) : 땅(土)에서 규칙(寸)을 지키는 절이나 관청
- 時間(시간) : 시각과 시각의 사이

자원으로 한자 알기

* 십(十)이 세 개로 30이니 **세대**(약 30년 정도 되는 기간)을 뜻함
* 손가락을 편 **손**의 모양
* 머리(亠)에 **수건**(   )을 두르고 **시장**에 가니
* 해(   )의 위치를 보고 **관청**(寺)에서 **때**를 알리니

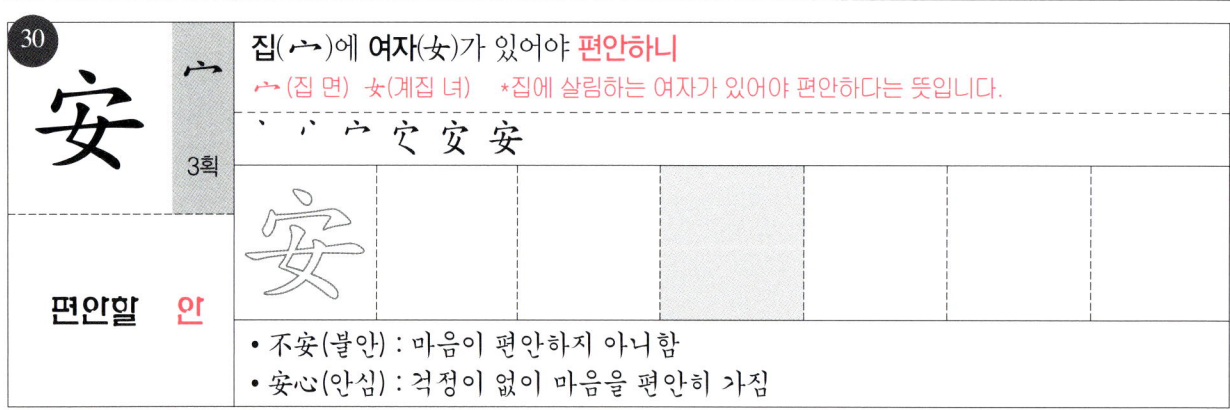

자원으로 한자 알기

* 사람(人)이 좋아하는(良) 밥을 먹으니
* 집(   )에 여자(女)가 있어야 편안하니

一思多得

㉑ 不(아닐 불) 음의 변화에 주의하세요.

不(아닐 불)이 자음 'ㄷ', 'ㅈ' 앞에서는 부로 발음됩니다.
예) 不動(부동), 不足(부족)

㉒ 事(섬길 사)

일하며 주인을 섬기니 섬기다라는 뜻도 있습니다.
事君(사군) : 임금을 섬김

㉖ 手(사람 수)

손(手)으로 물건을 만드는 사람이라는 뜻도 있습니다.
歌手(가수) : 노래 부르는 것이 직업인 사람

다음 한자를 나누고 **자원**을 쓰면서 익히세요.

한자				
不 (아닐 불)	=		+	
事 (일 사)	=		+	+ +
上 (윗 상)	=		+	
姓 (성 성)	=		+	
世 (세대 세)	=			
手 (손 수)	=			
市 (시장 시)	=		+	
時 (때 시)	=		+	
食 (밥 식)	=		+	
安 (편안할 안)	=		+	

다음 한자어의 **독음**을 쓰세요.

不動	不足	記事	事物
江上	北上	姓名	姓氏
世子	世上	手工	手記
市道	市長	時間	食事
韓食	不安	安心	

 다음 한자어를 **한자**로 쓰세요.

아닐 불 / 움직일 동	기록할 기 / 일 사	강 강 / 윗 상	성 성 / 이름 명
세대 세 / 아들 자	손 수 / 만들 공	시장 시 / 길 도	때 시 / 사이 간
먹을 식 / 일 사	아닐 불 / 편안할 안	아닐 불 / 넉넉할 족	일 사 / 물건 물
북녘 북 / 오를 상	성 성 / 성씨 씨	세상 세 / 윗 상	손 수 / 기록할 기
행정구역 시 / 어른 장	한국 한 / 밥 식	편안할 안 / 마음 심	

예문으로 한자어 익히기 (한자로 쓰인 단어의 뜻을 써보세요.)

1. 참석자들은 일제히 일어나 **不動**의 자세를 취했다.

2. 수질 오염으로 인한 산소 **不足**으로 물고기가 떼죽음을 당했다.

3. 신문에 집중력을 높이는 방법에 대한 **記事**가 났다.

4. 두 **事物**이 서로 비슷하다.

5. **江上**에 두둥실 배를 띄우다.

6. 태풍이 우리나라로 **北上**하고 있다.

7. 그 편지에는 받는 사람의 주소와 **姓名**이 적혀 있지 않았다.

8. 우리 반에는 여럿 가운데 같은 **姓氏**가 하나도 없다.

9. 왕은 죽기 전에 **世子**를 책봉하였다.

10. 이 **世上**은 우리가 상상한 것보다 훨씬 다양하고 복잡하다.

11. 그 가방은 사람의 손 정성이 깃 들인 **手工** 제품이 분명해 보였다.

12. 저축에 대한 체험 **手記**를 쓴다.

13. **市道** 양쪽으로 상점이 있다.

14. **市長**은 지방 자치 단체인 시의 책임자로서 시를 맡아서 다스린다.

15. **時間**은 금보다 귀하다.

16. 친구와 **食事** 약속을 하였다.

17. 양식보단 **韓食**이 내 입맛에 맞는다.

18. **不安**에 가득 찬 그 눈에는 금시 눈물이 핑 돌고 있었다.

19. 여행 가는 데에 선생님이 따라가신다니 **安心**이다.

31 午 (2획) — 낮 오

사람(ㅅ)은 많은(十) 일을 **낮**에 처리하니
ㅅ(사람 인) 十(많을 십)   *사람들은 보통 낮에 일을 하고 저녁에는 쉬지요?

ノ 一 ニ 午

- 上午(상오) : 오전
- 下午(하오) : 오후

32 右 (2획) — 오른쪽 우

손(ナ) 중에 입(口)으로 먹을 것을 나르는 손은 **오른쪽**이니
ナ(손 우) 口(입 구)   *대부분 오른손으로 밥을 먹지요?

一 ナ 才 右 右   *이 쓰는 순서를 권장합니다.

- 右手(우수) : 오른손
- 右方(우방) : 오른쪽

33 子 (0획) — 아들 자

팔을 벌리고 있는 **아들**의 모양
마법 술술한자 부수 37번 참고

ㄱ 了 子

- 長子(장자) : 맏아들
- 母子(모자) : 어머니와 아들

34 自 (0획) — 스스로 자

코의 모양을 본떠 자기를 나타내는 **스스로**란 뜻으로 씀
마법 술술한자 부수 130번 참고

ノ ㅣ 自 自 自

- 自生(자생) : 스스로 살아감
- 自動(자동) : 스스로 움직임

자원으로 한자 알기

* 사람(ㅅ)은 많은(　) 일을 **낮**에 처리하니
* 손(ナ) 중에 입(　)으로 먹을 것을 나르는 손은 **오른쪽**이니
* 팔을 벌리고 있는 **아들**의 모양
* 코의 모양을 본떠 자기를 나타내는 **스스로**란 뜻으로 씀

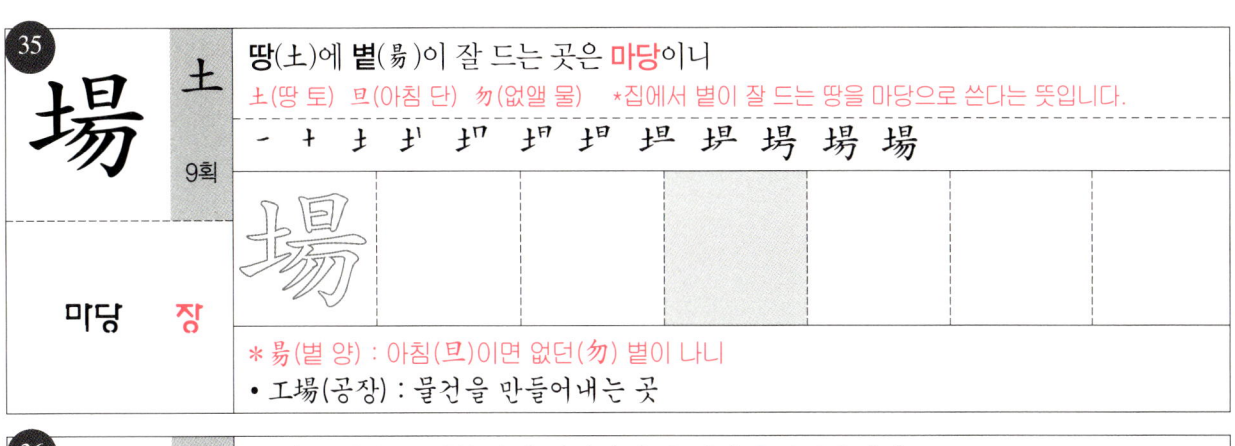

35 場 / 土 / 9획 / 마당 장

땅(土)에 볕(昜)이 잘 드는 곳은 **마당**이니
土(땅 토) 旦(아침 단) 勿(없앨 물) *집에서 볕이 잘 드는 땅을 마당으로 쓴다는 뜻입니다.

一 十 土 扌 坦 坦 坦 坦 坦 埸 場 場

* 昜(볕 양) : 아침(旦)이면 없던(勿) 볕이 나니
- 工場(공장) : 물건을 만들어내는 곳

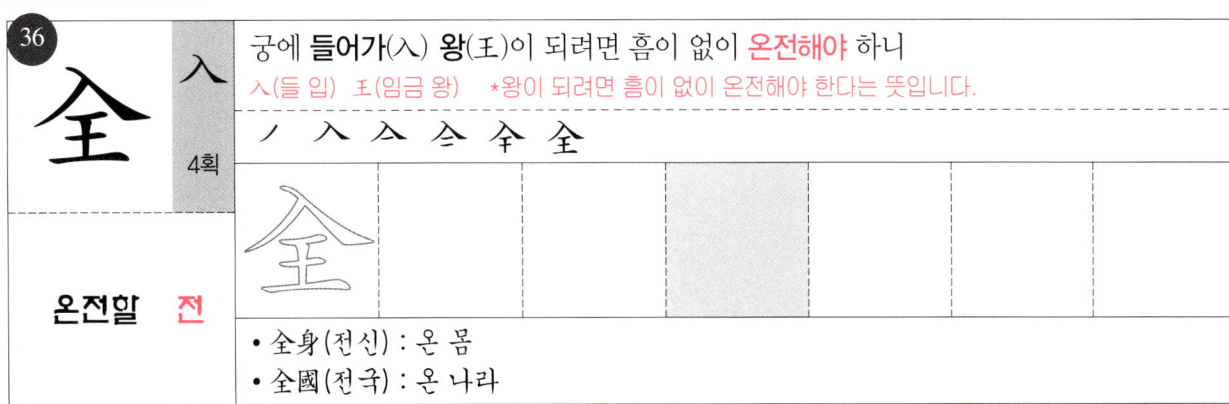

36 全 / 入 / 4획 / 온전할 전

궁에 들어가(入) 왕(王)이 되려면 흠이 없이 **온전해야** 하니
入(들 입) 王(임금 왕) *왕이 되려면 흠이 없이 온전해야 한다는 뜻입니다.

丿 入 亼 仐 全 全

- 全身(전신) : 온 몸
- 全國(전국) : 온 나라

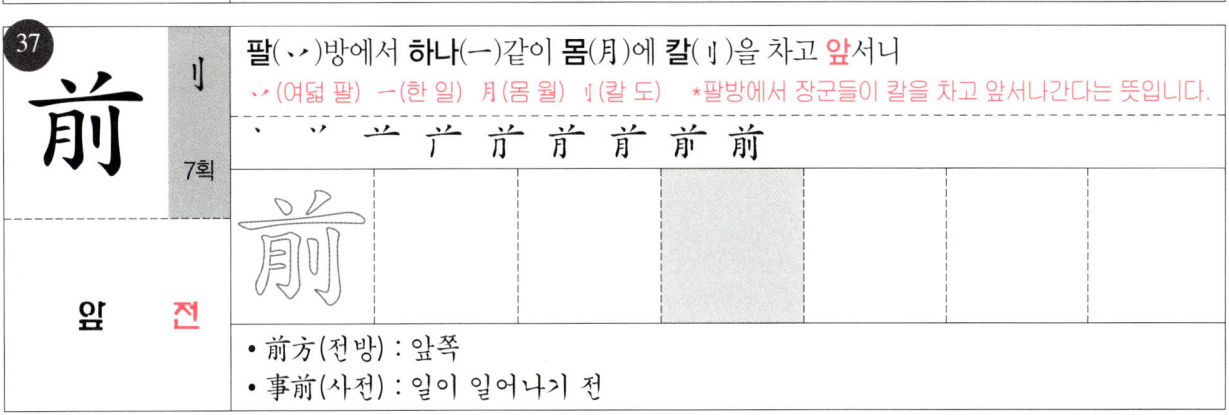

37 前 / 刂 / 7획 / 앞 전

팔(丷)방에서 **하나**(一)같이 몸(月)에 칼(刂)을 차고 **앞서니**
丷(여덟 팔) 一(한 일) 月(몸 월) 刂(칼 도) *팔방에서 장군들이 칼을 차고 앞서나간다는 뜻입니다.

丶 丷 丷 止 产 肯 肯 前 前

- 前方(전방) : 앞쪽
- 事前(사전) : 일이 일어나기 전

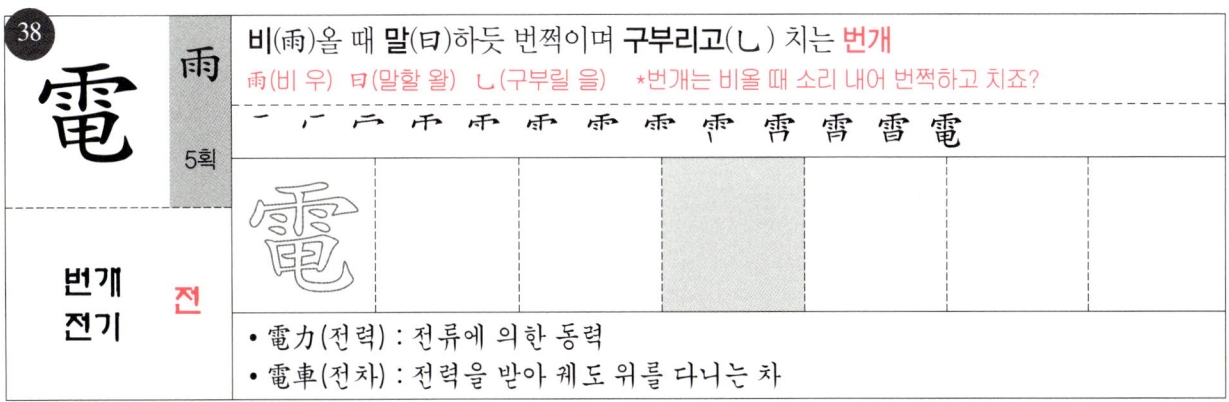

38 電 / 雨 / 5획 / 번개 전기 전

비(雨)올 때 말(曰)하듯 번쩍이며 **구부리고**(乚) 치는 **번개**
雨(비 우) 曰(말할 왈) 乚(구부릴 을) *번개는 비올 때 소리 내어 번쩍하고 치죠?

一 冂 冂 冃 币 币 乕 雪 雪 雷 電

- 電力(전력) : 전류에 의한 동력
- 電車(전차) : 전력을 받아 궤도 위를 다니는 차

자원으로 한자 알기

* 땅(   )에 볕(昜)이 잘 드는 곳은 **마당**이니
* 궁에 **들어가**(   ) 왕(王)이 되려면 흠이 없이 **온전해야** 하니
* 팔(丷)방에서 **하나**(一)같이 몸(月)에 칼(   )을 차고 **앞서니**
* 비(   )올 때 말(曰)하듯 번쩍이며 **구부리고**(乚) 치는 **번개**

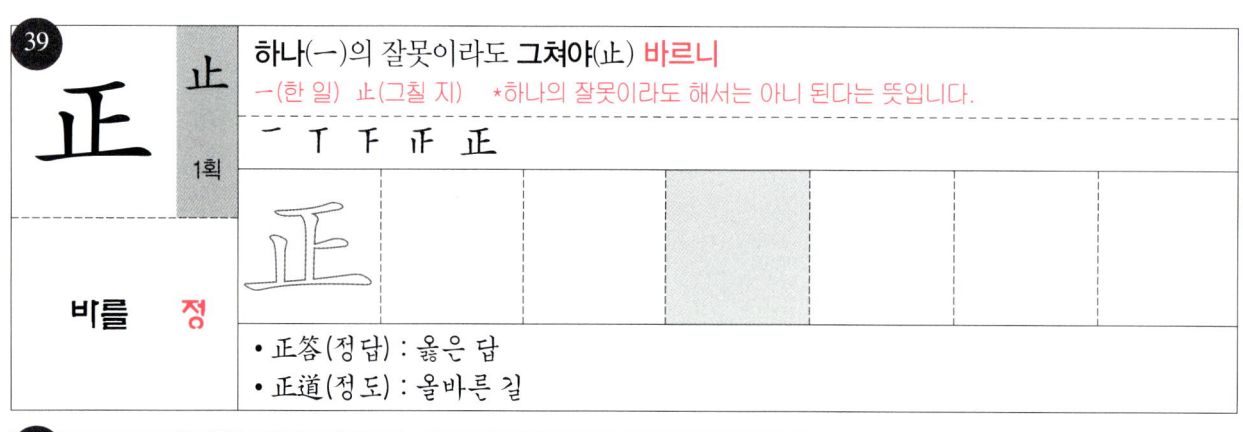

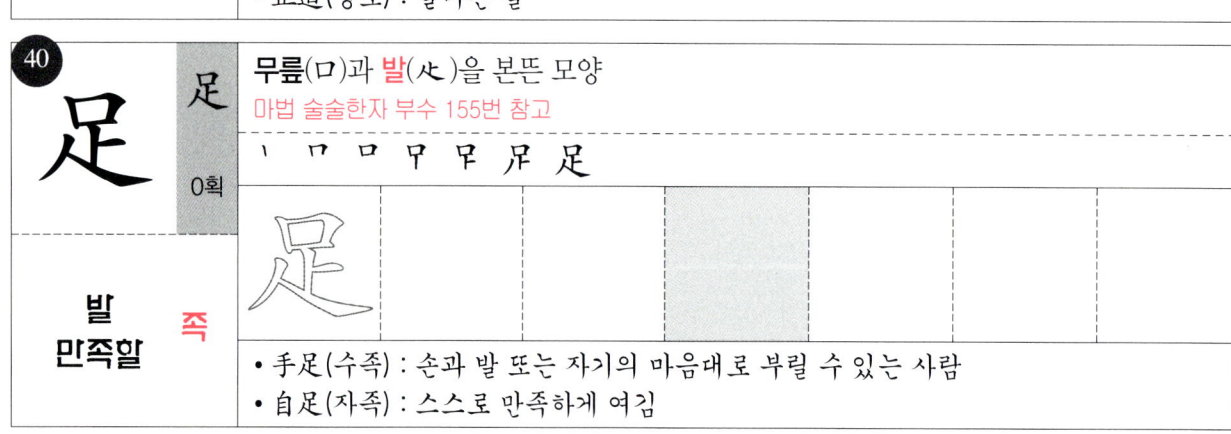

자원으로 한자 알기

* 하나(一)의 잘못이라도 **그쳐야**(　) 바르니
* **무릎**(口)과 **발**(止)을 본뜬 모양

一思多得

㉛ 午(낮 오)　牛(소 우) 잘 구별하세요.

　午(낮 오) : **사람**(𠂉)은 **많은**(十) 일을 **낮**에 처리하니

　牛(소 우) : 소는 뿔이 있지요! 그래서 牛(소 우)는 뿔처럼 위로 나왔다고 생각하세요.

㉜ 右(오른쪽 우)　石(돌 석) 잘 구별하세요.

　右(오른쪽 우) : **손**(ナ) 중에 **입**(口)으로 먹을 것을 나르는 손은 **오른쪽**이니

　石(돌 석) : **바위**(厂) 밑에 있는 **돌**(口) 모양

다음 한자를 나누고 **자원**을 쓰면서 익히세요.

| 午 (낮 오) | = | | + | |

| 右 (오른쪽 우) | = | | + | |

| 子 (아들 자) | = |

| 自 (스스로 자) | = |

| 場 (마당 장) | = | | + | |

| 全 (온전할 전) | = | | + | |

| 前 (앞 전) | = | | + | | + | | + | |

| 電 (번개 전) | = | | + | | + | |

| 正 (바를 정) | = | | + | |

| 足 (발 족) | = | | + | |

다음 한자어의 **독음**을 쓰세요.

上午	下午	右手	右方
長子	母子	自生	自動
工場	全身	全國	前方
事前	電力	電車	正答
正道	手足	自足	

다음 한자어를 **한자**로 쓰세요.

윗 상	낮 오	오른쪽 우	손 수	어른 장	아들 자	스스로 자	살 생
만들 공	마당 장	온전할 전	몸 신	앞 전	방위 방	전기 전	힘 력
바를 정	대답할 답	손 수	발 족	아래 하	낮 오	오른쪽 우	방위 방
어미 모	아들 자	스스로 자	움직일 동	온전할 전	나라 국	일 사	앞 전
전기 전	차 차	바를 정	길 도	스스로 자	만족할 족		

예문으로 한자어 익히기 (한자로 쓰인 단어의 뜻을 써보세요.)

1. 사건이 발생한 것은 **上午** 10시경이었다.

2. 그는 26일 **下午** 4시 비행기로 출국한다.

3. 왼손으로 하지 말고 **右手**를 사용해라.

4. 이 길로 쭉 가면 **右方**에 시청이 나올 것이다.

5. 아버지가 돌아가시면 **長子**가 아버지 역할을 한다.

6. 오랜만에 만난 **母子**는 밤 깊은 줄도 모르고 이야기를 나누었다.

7. 이제 부모의 그늘을 벗어나서 **自生**할 때가 되었다.

8. 요새 세탁기는 단추만 누르면 세탁에서 건조까지 **自動**으로 된다.

9. 수없이 솟은 굴뚝에서 시커먼 연기가 오르고 **工場** 안에서는 기계들이 돌아간다.

10. **全身**에 긴장이 감돌다.

11. **全國** 순회공연을 하였다.

12. 세차게 들이치는 비 때문에 몇 미터 **前方**도 내다보기가 힘들었다.

13. 사고를 **事前**에 예방하다.

14. 여름철이 되자 **電力** 소비량이 급격히 증가했다.

15. **電車**가 땡땡 종을 울리며 지나간다.

16. 나는 선생님이 낸 퀴즈의 **正答**을 맞혔다.

17. 사람은 **正道**를 걸어야 한다.

18. 저 아이는 내 **手足**과 같은 사람이다.

19. 우리 부부는 이만하면 성공했다고 **自足**한다.

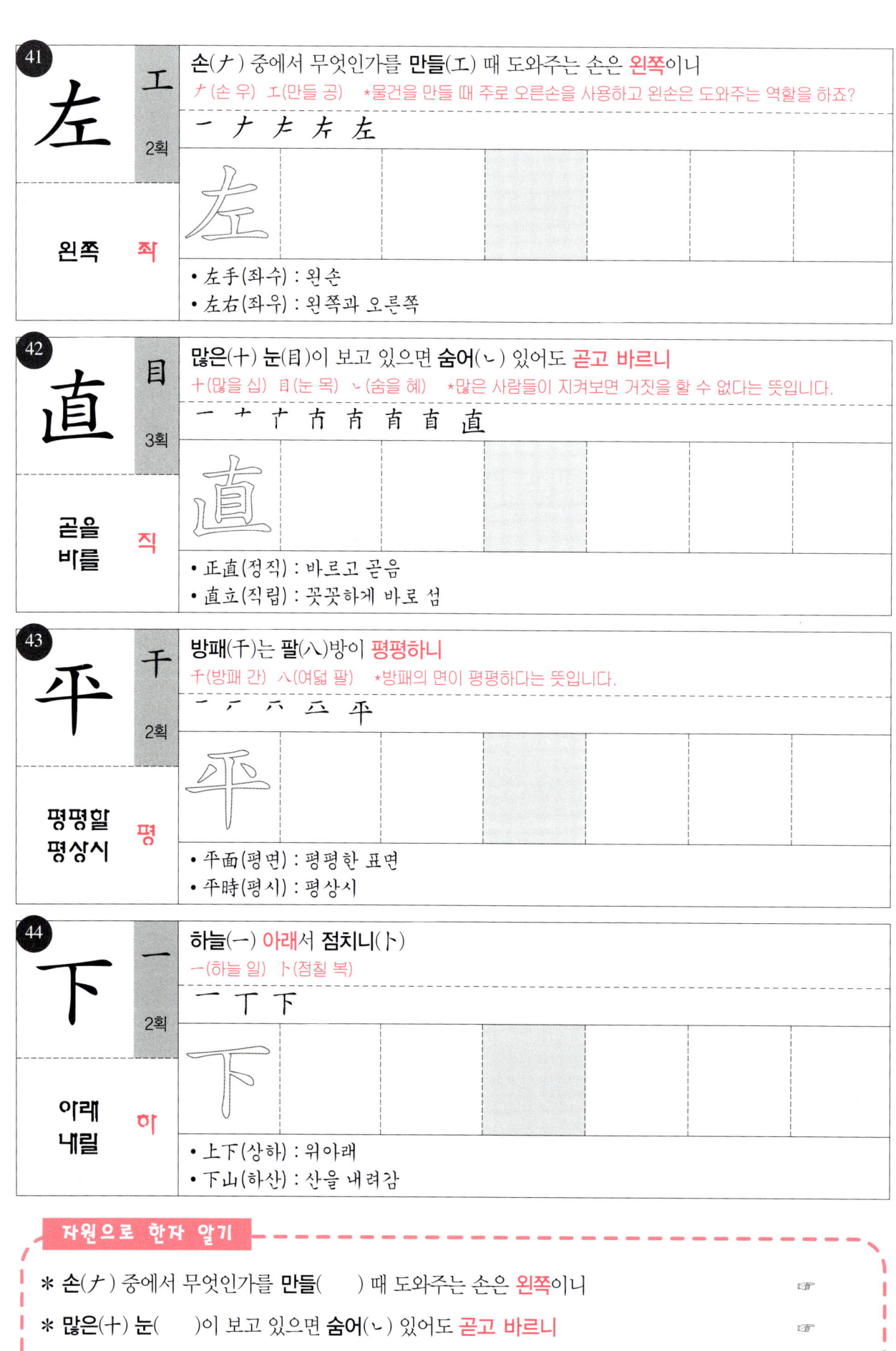

45 漢 (11획) — 한나라 한

물(氵)과 **진흙**(堇)의 양자강 유역에 세운 **한나라**
氵(물 수) 廿(스물 입) 一(한 일) 口(인구 구) 夫(사내 부)   *한나라 : BC 202~AD 220

丶 氵 氵 氵 汒 汒 沽 洁 沽 漢 漢 漢

*堇(진흙 근) : 스물(廿) 한(一) 명의 인구(口)인 사내(夫)가 힘써 일하는 진흙
- 漢文(한문) : 한자로 쓴 글이나 문학

46 海 (7획) — 바다 해

물(氵)이 마르지 않고 **매양**(每) 있는 **바다**
氵(물 수) 每(매양 매)   *강이나 호수는 말라도 바다는 마르지 않죠?

丶 氵 氵 汒 汒 海 海 海 海

- 海水(해수) : 바닷물
- 海外(해외) : 바다의 밖 곧 외국

47 話 (6획) — 말씀·이야기 화

말(言)하려고 **혀**(舌)를 움직여서 하는 **말씀**이나 **이야기**
言(말씀 언) 舌(혀 설)   *혀를 움직여서 말한다는 뜻입니다.

丶 丶 言 言 言 言 言 訁 訁 訁 話 話

- 手話(수화) : 손짓으로 말하는 것
- 電話(전화) : 전화기로 말을 주고받음

48 活 (6획) — 살 활

물(氵)기가 **혀**(舌)에 있어야 **사니**
氵(물 수) 舌(혀 설)   *혀에 물기가 없으면 죽습니다.

丶 氵 氵 氵 汴 汪 活 活 活

- 生活(생활) : 살아서 활동함
- 活動(활동) : 몸을 움직여 행동함

자원으로 한자 알기

* 물(   )과 **진흙**(堇)의 양자강 유역에 세운 **한나라**
* 물(   )이 마르지 않고 **매양**(每) 있는 **바다**
* 말(   )하려고 **혀**(舌)를 움직여서 하는 **말씀**이나 **이야기**
* 물(   )기가 **혀**(舌)에 있어야 **사니**

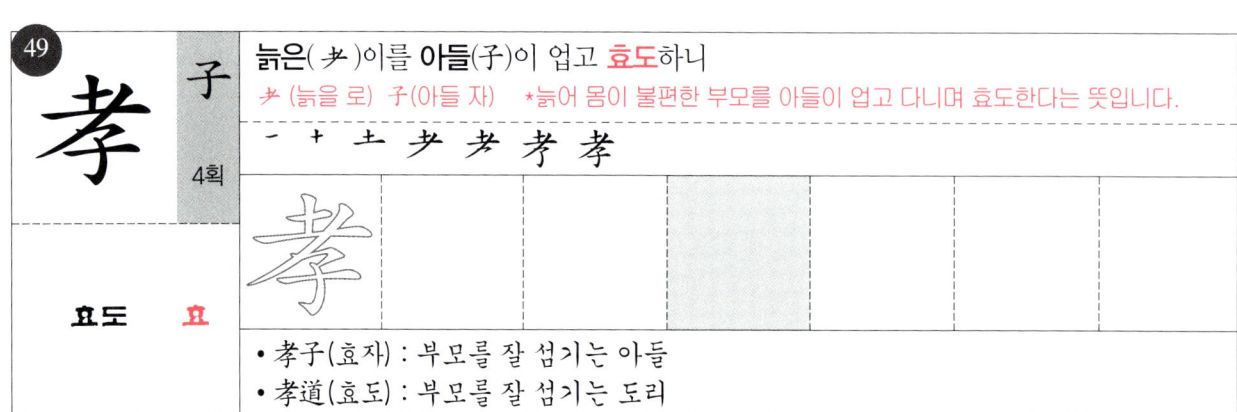

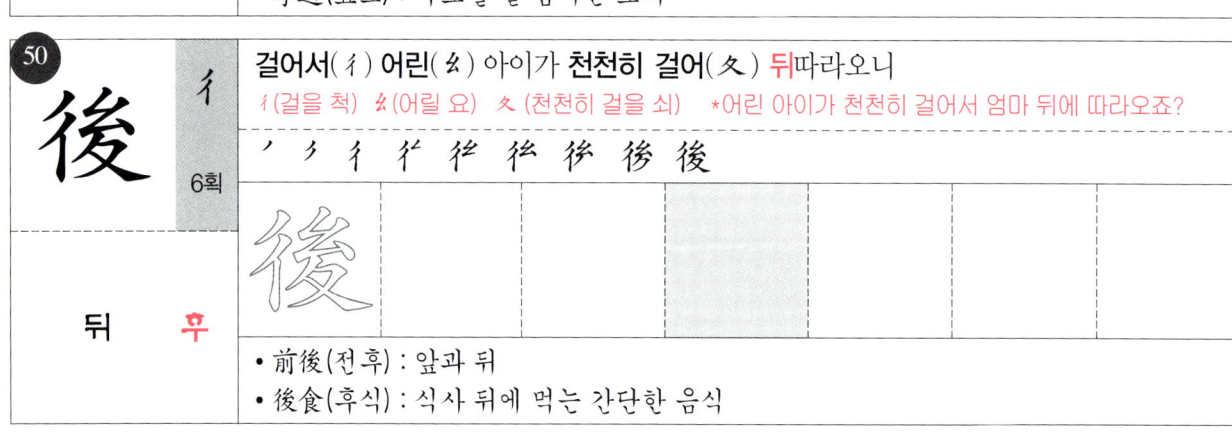

자원으로 한자 알기

* 늙은(耂)이를 아들(　)이 업고 **효도**하니
* 걸어서(　) 어린(幺) 아이가 천천히 걸어(夂) **뒤**따라오니

一思多得

氵	+ 工	= 江(강 강)	물(氵)이 모여서 **만들어진**(工) 강
	+ 漢	= 漢(한나라 한)	물(氵)과 **진흙**(漢)의 양자강 유역에 세운 **한나라**
	+ 每	= 海(바다 해)	물(氵)이 마르지 않고 **매양**(每) 있는 **바다**
	+ 舌	= 活(살 활)	물(氵)기가 혀(舌)에 있어야 **사니**

言 +	舌	= 話(말씀 화)	말(言)하려고 혀(舌)를 움직여서 하는 **말씀**이나 **이야기**
氵 +		= 活(살 활)	물(氵)기가 혀(舌)에 있어야 **사니**

다음 한자를 나누고 **자원**을 쓰면서 익히세요.

左 = ☐ + ☐
왼쪽 좌

直 = ☐ + ☐ + ☐
곧을 직

平 = ☐ + ☐
평평할 평

下 = ☐ + ☐
아래 하

漢 = ☐ + ☐
한나라 한

海 = ☐ + ☐
바다 해

話 = ☐ + ☐
말씀 화

活 = ☐ + ☐
살 활

孝 = ☐ + ☐
효도 효

後 = ☐ + ☐ + ☐
뒤 후

다음 한자어의 **독음**을 쓰세요.

左 手	左 右	正 直	直 立
平 面	平 時	上 下	下 山
漢 文	海 水	海 外	手 話
電 話	生 活	活 動	孝 子
孝 道	前 後	後 食	

다음 한자어를 **한자**로 쓰세요.

왼쪽 좌 / 손 수	바를 정 / 곧을 직	평평할 평 / 표면 면	윗 상 / 아래 하
한나라 한 / 글월 문	바다 해 / 물 수	손 수 / 말씀 화	살 생 / 살 활
효도 효 / 아들 자	앞 전 / 뒤 후	왼쪽 좌 / 오른쪽 우	바를 직 / 설 립
평상시 평 / 때 시	내릴 하 / 산 산	바다 해 / 바깥 외	전기 전 / 말씀 화
살 활 / 움직일 동	효도 효 / 도리 도	뒤 후 / 먹을 식	

예문으로 한자어 익히기 (한자로 쓰인 단어의 뜻을 써보세요.)

1. 오른손을 사용하지 말고 **左手**를 사용해라.

2. **左右** 두 갈래의 길이 있다.

3. 우리 집 가훈은 **正直**이다.

4. 인간은 **直立** 동물이다.

5. **平面**인 종이를 길쭉한 직사각형으로 오려서 붙인다.

6. 그는 **平時**보다 일찍 학교에 도착하였다.

7. 군대는 계급의 **上下** 구별이 엄하다.

8. **下山**을 너무 늦게 하는 바람에 어두워져서 길을 잃고 말았다.

9. 서당에서 **漢文**을 배운다.

10. 저위도인 적도 근해의 **海水** 온도는 한낮이면 거의 30도까지 상승한다.

11. 우리 연주단은 한 달 간의 **海外** 공연을 성공리에 마쳤다.

12. 그는 농아들과 대화를 하기 위해서 **手話**를 배웠다.

13. 나는 주말마다 **電話**로 부모님께 안부를 전한다.

14. 야생 동물의 **生活**을 관찰하다.

15. 다리를 다쳐서 **活動**이 어렵다.

16. 그는 부모를 극진히 모셔 마을에서 **孝子**로 알려졌다.

17. 부모님께 물질적인 **孝道**를 하는 것보다 마음을 편안하게 해 드리는 것이 더 중요하다.

18. **前後**를 살피다.

19. 오늘 저녁 **後食**은 수박이다.

자원으로 한자 알기.

1. 집(   )에 돼지(豕)처럼 많이 모여서 집안을 이루니
2. 문(   )틈 사이로 햇빛(日)이 새어 들어오니
3. 물(   )이 모여서 만들어진(工) 강
4. 두(二) 바퀴와 몸통(日) 바퀴의 축(ㅣ)을 본뜬 수레의 모양
5. 한(一) 번 머리(亠)로 생각해 보고 물건을 만드는 장인
6. 구멍(   )을 만들어(工) 속이 비니
7. 기운(   )은 쌀(米)로 밥을 해서 먹어야 나니
8. 말(   ) 중에 자기(己)에게 필요한 부분만 기록하니
9. 밭(   )에서 힘(力)써 일하는 사내
10. 성(冂)으로 들어(   )가면 안이니
11. 몸을 구부리고(曲) 별(   )이 뜨는 밤까지 농사를 지으니
12. 대(   )쪽을 합하여(合) 글을 써 대답하니
13. 우두머리(首)를 따라 뛰어(   ) 가는 길
14. 무거운(重) 것이라도 힘(   )을 가하면 움직이니
15. 칼(刀)을 들고 힘쓸 때 근육이 불거진 모양
16. 머리(亠)로 생각하고 나누어(丷) 땅(一)에 세우니
17. 사람(亻)은 어머니(母)를 매양(항상) 생각하니
18. 저녁(夕)에는 어두워 입(   )으로 이름을 불러 확인하니
19. 소(   )를 팔아 없애고(勿) 산 물건
20. 머리(亠)를 모나게 싸고(勹) 사방으로 다니니
21. 하나(   )의 작은(小) 실수도 해서는 안 되니
22. 하나(一)같이 입(口)에 먹고 살려고 손(彐)에 갈고리(   )를 들고 일하니
23. 점치려고(卜) 땅(   ) 위로 오르니
24. 여자(   )가 아기를 낳으면(生) 성이 붙으니
25. 십(十)이 세 개로 30이니 세대(약 30년 정도 되는 기간)을 뜻함

자원으로 한자 알기.

26. 손가락을 편 **손**의 모양

27. **머리**(亠)에 **수건**(　)을 두르고 **시장**에 가니

28. **해**(　)의 위치를 보고 **관청**(寺)에서 **때**를 알리니

29. **사람**(人)이 **좋아하는**(良) **밥**을 **먹으니**

30. **집**(　)에 **여자**(女)가 있어야 **편안하니**

31. **사람**(ㅅ)은 **많은**(　) 일을 **낮**에 처리하니

32. **손**(ナ) 중에 **입**(　)으로 먹을 것을 나르는 손은 **오른쪽**이니

33. 팔을 벌리고 있는 **아들**의 모양

34. 코의 모양을 본떠 자기를 나타내는 **스스로**란 뜻으로 씀

35. **땅**(　)에 **볕**(昜)이 잘 드는 곳은 **마당**이니

36. 궁에 들어가(　) **왕**(王)이 되려면 흠이 없이 **온전해야** 하니

37. **팔**(丷)방에서 **하나**(一)같이 **몸**(月)에 **칼**(　)을 차고 **앞서니**

38. **비**(　)올 때 **말**(曰)하듯 번쩍이며 **구부리고**(乚) 치는 **번개**

39. **하나**(一)의 잘못이라도 **그쳐야**(　) **바르니**

40. **무릎**(口)과 **발**(止)을 본뜬 모양

41. **손**(ナ) 중에서 무엇인가를 **만들**(　) 때 도와주는 손은 **왼쪽**이니

42. **많은**(十) **눈**(　)이 보고 있으면 **숨어**(乚) 있어도 **곧고 바르니**

43. **방패**(　)는 **팔**(八)방이 **평평하니**

44. **하늘**(　) **아래**서 **점치니**(卜)

45. **물**(　)과 **진흙**(菓)의 양자강 유역에 세운 **한나라**

46. **물**(　)이 마르지 않고 **매양**(每) 있는 **바다**

47. **말**(　)하려고 **혀**(舌)를 움직여서 하는 **말씀**이나 **이야기**

48. **물**(　)기가 **혀**(舌)에 있어야 **사니**

49. **늙은**(耂)이를 **아들**(　)이 업고 **효도**하니

50. **걸어서**(　) **어린**(幺) 아이가 **천천히 걸어**(夊) **뒤**따라오니

47

다음 한자의 **뜻**과 **음**을 쓰세요.

家	間	江	車	工	空	氣
記	男	內	農	答	道	動
力	立	每		名	物	方
不	事				上	姓
世						手
市	時				食	安
午	右	子		自	場	全
前	電	正	足	左	直	平
下	漢	海	話	活	孝	後

7급 1-50번
형성평가

다음 뜻과 음을 지닌 한자를 쓰세요.

집 가	사이 간	강 강	수레 거	장인 공	빌 공	기운 기
기록할 기	사내 남	안 내	농사 농	대답할 답	길 도	움직일 동
힘 력	설 립	매양 매		이름 명	물건 물	모 방
아닐 불	일 사				윗 상	성 성
세대 세			7Ⅱ 1-50번 형성평가			손 수
시장 시	때 시			밥 식	편안할 안
낮 오	오른쪽 우	아들 자		스스로 자	마당 장	온전할 전
앞 전	번개 전	바를 정	발 족	왼쪽 좌	곧을 직	평평할 평
아래 하	한나라 한	바다 해	말씀 화	살 활	효도 효	뒤 후

49

7급 신습한자

1. 歌 (노래 가) — 欠, 10획

옳다(可) 옳다(可) 하듯 **입 벌려**(欠) **노래**하니
欠(입 벌릴 흠) *판소리에서 흥을 돋우기 위하여 중간에 '옳거니' 하고 추임새를 넣어주죠?

一 丁 丁 可 可 哥 哥 哥 哥 歌 歌 歌

* 可(옳을 가) : 하나(一)의 입(口)으로 갈고리(亅)처럼 굳세게 말함이 옳으니
* 國歌(국가) : 나라를 대표하는 노래

2. 口 (입 구) — 口, 0획

입 모양
마법 술술한자 부수 29번 참고

丨 冂 口

* 口舌(구설) : 입과 혀 또는 시비하거나 헐뜯는 말
* 人口(인구) : 일정한 지역에 사는 사람의 수

3. 旗 (기 기) — 方, 10획

사방(方)에서 **사람**(⺅)들이 바라보는 **그**(其) **기**
方(사방 방) ⺅(사람 인) 甘(달 감) 八(나눌 팔) *사방에서 사람들이 기를 바라본다는 뜻입니다.

丶 亠 方 方 放 旅 旅 旗 旗 旗 旗

* 其(그 기) : 그 단(甘) 것 하나(一)를 나누니(八)
* 國旗(국기) : 나라를 상징하는 기

4. 冬 (겨울 동) — 冫, 3획

뒤져 오면서(夂) **얼음**(冫)이 어는 계절은? **겨울**
夂(뒤져 올 치) 冫(얼음 빙) *네 계절 중 가장 뒤에 오면서 얼음까지 어는 계절은 겨울이죠?

丿 ク 夂 冬 冬

* 立冬(입동) : 겨울이 시작 됨
* 冬心(동심) : 겨울과도 같이 차갑고 쓸쓸한 마음

자원으로 한자 알기

* 옳다(可) 옳다(可) 하듯 **입 벌려**(　) **노래**하니
* **입** 모양
* **사방**(　)에서 **사람**(⺅)들이 바라보는 **그**(其) **기**
* **뒤져 오면서**(夂) **얼음**(　)이 어는 계절은? **겨울**

⑤ 同 (3획) — 같을 동

성(冂)을 하나(一)의 **입구**(口)로 **같이** 다니니
冂(성 경) 一(한 일) 口(어귀 구) *성에 하나의 출입문을 만들고 그곳으로 같이 다닌다는 뜻입니다.

丨 冂 冂 同 同 同

- 同年(동년) : 같은 해
- 同一(동일) : 다른 데가 없이 똑같음

⑥ 洞 (6획) — 마을 동

물(氵)을 **같이**(同) 마시고 사는 **마을**
氵(물 수) 同(같을 동) *옛날에는 마을에 우물이 있어서 같은 물을 마시고 살았지요?

丶 丶 氵 氵冂 冲 洞 洞 洞

- 洞里(동리) : 마을
- 洞長(동장) : 마을의 우두머리

⑦ 登 (7획) — 오를/나갈 등

걸어서(癶) 제기(豆)를 들고 신전에 **오르니**
癶(걸을 발) 豆(제기 두) *신에게 제사 지내려고 제기를 들고 신전에 올라간다는 뜻입니다.

丿 乛 癶 癶 癶 癶 癶 登 登 登 登 登

- 登山(등산) : 산에 오름
- 登校(등교) : 학교에 감

⑧ 來 (6획) — 올 래

나무(木) 밑으로 **사람**(人)과 **사람**(人)들이 **오니**
木(나무 목) 人(사람 인) *뜨거운 햇빛을 피해 그늘진 나무 밑으로 사람들이 온다는 뜻입니다.

一 厂 厃 朿 夾 來 來

- 來日(내일) : 오늘의 바로 다음날
- 來韓(내한) : 외국인이 한국에 옴

자원으로 한자 알기

* 성(冂)을 하나(一)의 **입구**( )로 **같이** 다니니
* 물( )을 **같이**(同) 마시고 사는 **마을**
* **걸어서**( ) 제기(豆)를 들고 신전에 **오르니**
* **나무**(木) 밑으로 **사람**( )과 **사람**(人)들이 **오니**

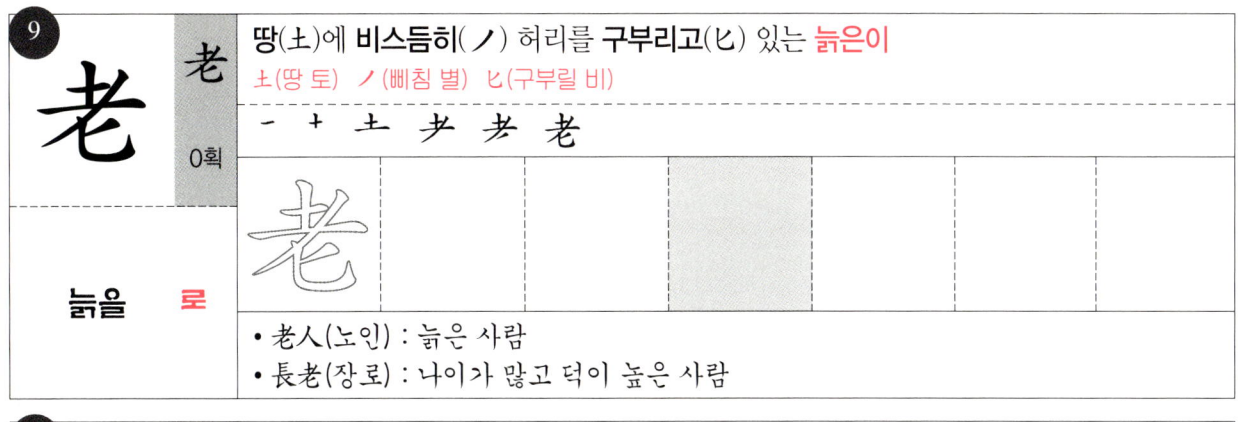

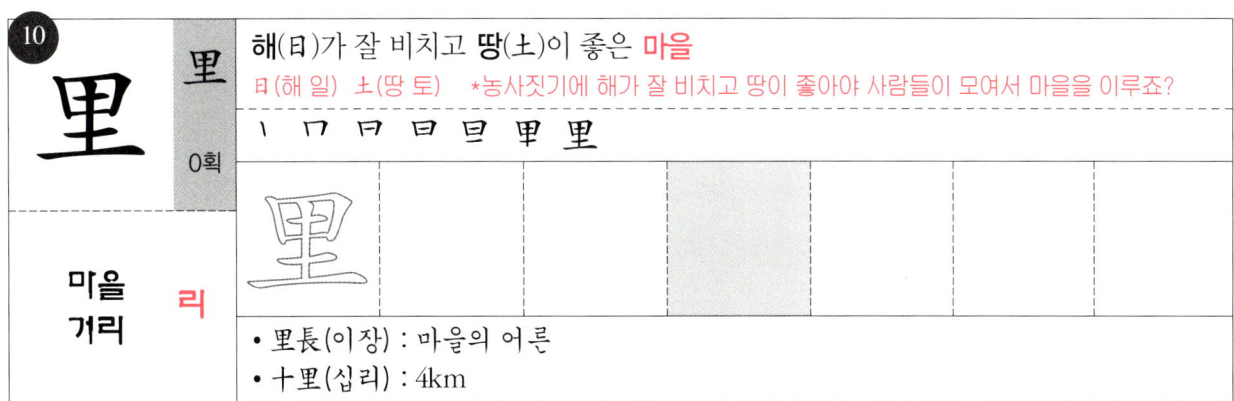

一思多得

	+	工	=	江(강 강)	물(氵)이 모여서 **만들어진**(工) 강
氵	+	莫	=	漢(한나라 한)	물(氵)과 **진흙**(莫)의 양자강 유역에 세운 한나라
	+	每	=	海(바다 해)	물(氵)이 마르지 않고 **매양**(每) 있는 바다
	+	舌	=	活(살 활)	물(氵)기가 **혀**(舌)에 있어야 사니
	+	同	=	洞(마을 동)	물(氵)을 **같이**(同) 마시고 사는 마을

⑥ 洞(밝을 통)

마을에서 어울려 살면 사리에 밝으니 **밝다**라는 뜻도 있습니다.

洞察(통찰) : 예리한 관찰력으로 사물을 환히 내다봄

다음 한자를 나누고 **자원**을 쓰면서 익히세요.

歌 (노래 가) = ☐ + ☐ + ☐

口 (입 구) =

旗 (기 기) = ☐ + ☐ + ☐

冬 (겨울 동) = ☐ + ☐

同 (같을 동) = ☐ + ☐ + ☐

洞 (마을 동) = ☐ + ☐

登 (오를 등) = ☐ + ☐

來 (올 래) = ☐ + ☐ + ☐

老 (늙을 로) = ☐ + ☐ + ☐

里 (마을 리) = ☐ + ☐

다음 한자어의 **독음**을 쓰세요.

國 歌	口 舌	人 口	國 旗
立 冬	冬 心	同 年	同 一
洞 里	洞 長	登 山	登 校
來 日	來 韓	老 人	長 老
里 長	十 里		

다음 한자어를 **한자**로 쓰세요.

나라 국	노래 가	입 구	혀 설	나라 국	기 기	설 립	겨울 동
같을 동	해 년	마을 동	마을 리	오를 등	산 산	올 래	날 일
늙을 로	사람 인	마을 리	어른 장	사람 인	인구 구	겨울 동	마음 심
같을 동	한 일	마을 동	어른 장	나갈 등	학교 교	올 래	한국 한
어른 장	늙을 로	열 십	거리 리				

예문으로 한자어 익히기 (한자로 쓰인 단어의 뜻을 써보세요.)

1. 각 나라의 **國歌**가 연주되었다.

2. 정치인이나 연예인은 한 번 **口舌**에 오르기 시작하면 치명타를 입는다.

3. 산업단지 조성으로 **人口**가 증가하였다.

4. **國旗**를 손에 쥐고 흔들며 응원을 하였다.

5. **立冬**은 겨울이 시작된다는 절기이다.

6. 화가 난 그의 마음은 **冬心**처럼 차가워 쉽게 풀어지지 않았다.

7. 그와 나는 **同年**에 출생한 동갑이다.

8. 내 생각은 당신 생각과 **同一**하다.

9. 얼어붙은 개울물에서 **洞里** 꼬마들이 썰매를 타고 있었다.

10. 동네에서 생기는 어려운 문제는 **洞長**과 의논하면 빠르게 해결할 수 있다.

11. 나는 주말마다 친구들과 함께 가까운 곳으로 **登山**을 간다.

12. **登校** 전 준비물을 꼭 확인해야 한다.

13. 우리 학교는 **來日** 체육대회를 한다.

14. 공연을 하러 해외 유명 가수들이 **來韓**했다.

15. 요즘 혼자 사는 **老人**들이 부쩍 늘었다.

16. 마을의 **長老**들이 모여 앉아 족장을 뽑는 문제를 논의하고 있었다.

17. 우리 마을의 **里長**님은 동네 사람들을 위해 갖가지 일을 도맡아 하신다.

18. 버스가 없어 눈이 오나 비가 오나 **十里** 길 남짓한 거리에 있는 학교를 걸어 다녀야 했다.

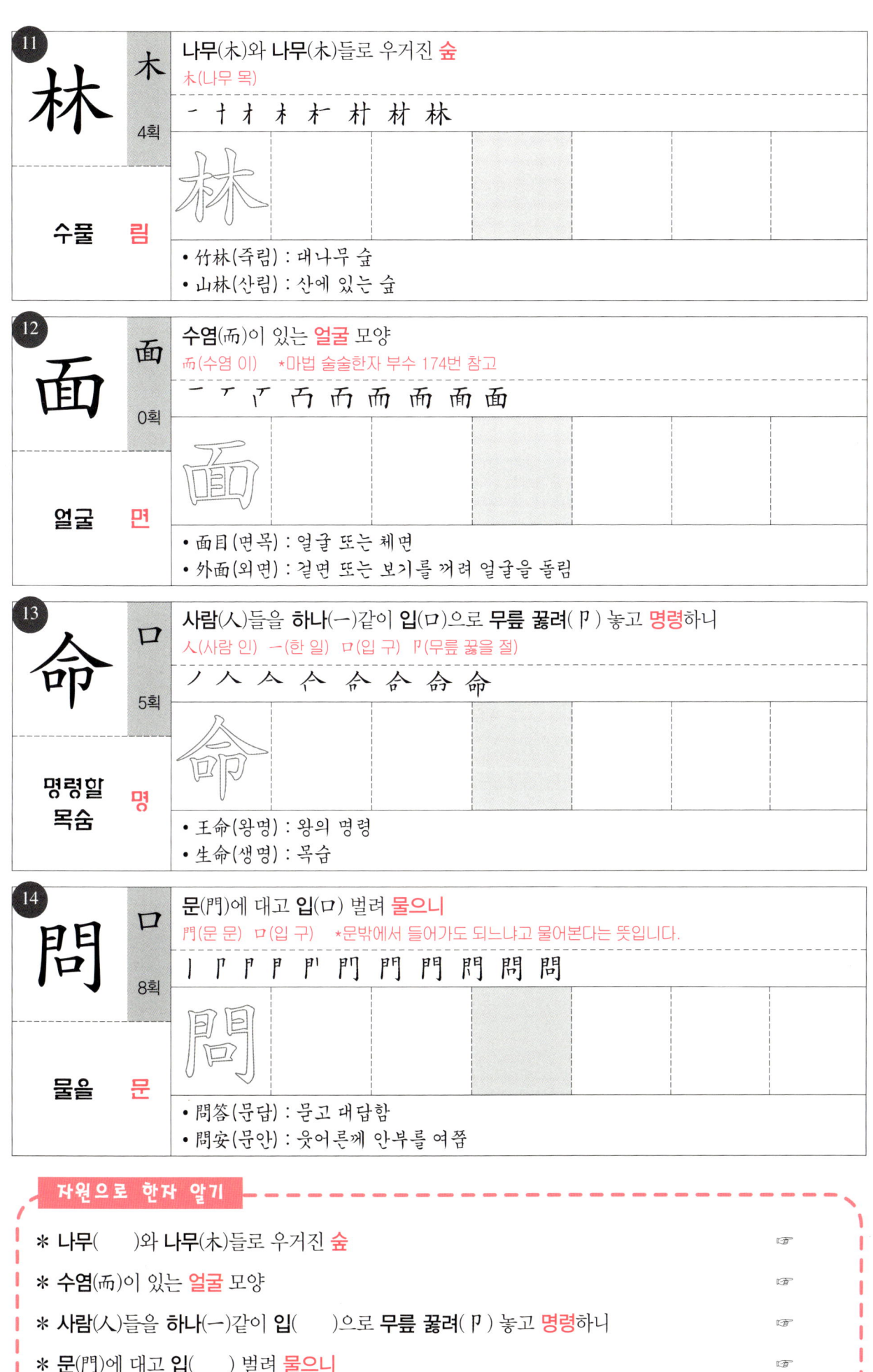

자원으로 한자 알기

* 나무(   )와 나무(木)들로 우거진 **숲**
* 수염(而)이 있는 **얼굴** 모양
* 사람(人)들을 하나(一)같이 **입**(   )으로 **무릎 꿇려**(卩) 놓고 **명령**하니
* 문(門)에 대고 **입**(   ) 벌려 **물으니**

15 文 / 글월 문 (0획)

머리(亠)로 생각하고 삐치고(丿) 파여(乀) 쓴 글
亠(머리 두) 丿(삐침 별) 乀(파임 불)

丶 亠 ナ 文

- 名文(명문) : 이름난 글
- 文學(문학) : 사상이나 감정을 언어로 표현한 예술

16 百 / 일백 백 (1획)

일(一)과 백(白) 음만 합치면 일백이니
一(한 일) 白(흰 백)

一 丆 丆 百 百 百

- 百年(백년) : 100년
- 百方(백방) : 여러 방면

17 夫 / 사내 남편 부 (1획)

한(一) 가정을 거느릴 정도로 큰(大) 사내나 남편이니
一(한 일) 大(큰 대)

一 二 チ 夫

- 農夫(농부) : 농사짓는 일을 직업으로 하는 사람
- 兄夫(형부) : 언니의 남편

18 算 / 셈 산 (8획)

대(竹)를 눈(目)으로 확인하며 스무(卄) 개씩 셈하니
竹(대 죽) 目(눈 목) 卄(스물 입)

丿 ┌ ┌ ┌ 竹 竹 竹 笞 笞 筲 筲 笪 算 算

- 合算(합산) : 합하여 셈함
- 心算(심산) : 마음속으로 치르는 셈 또는 속셈

자원으로 한자 알기

* 머리(亠)로 생각하고 삐치고(丿) 파여(乀) 쓴 글
* 일(一)과 백(　) 음만 합치면 일백이니
* 한(一) 가정을 거느릴 정도로 큰(　) 사내나 남편이니
* 대(　)를 눈(目)으로 확인하며 스무(卄) 개씩 셈하니

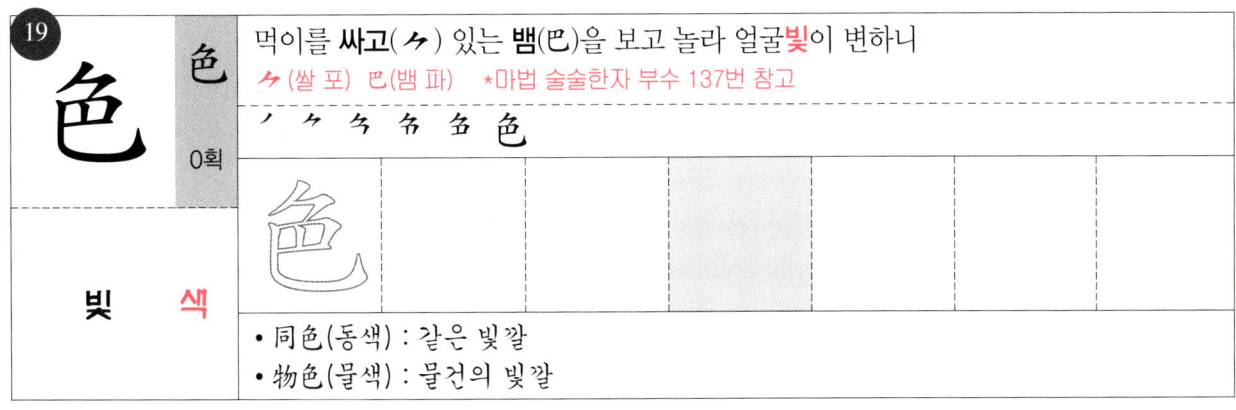

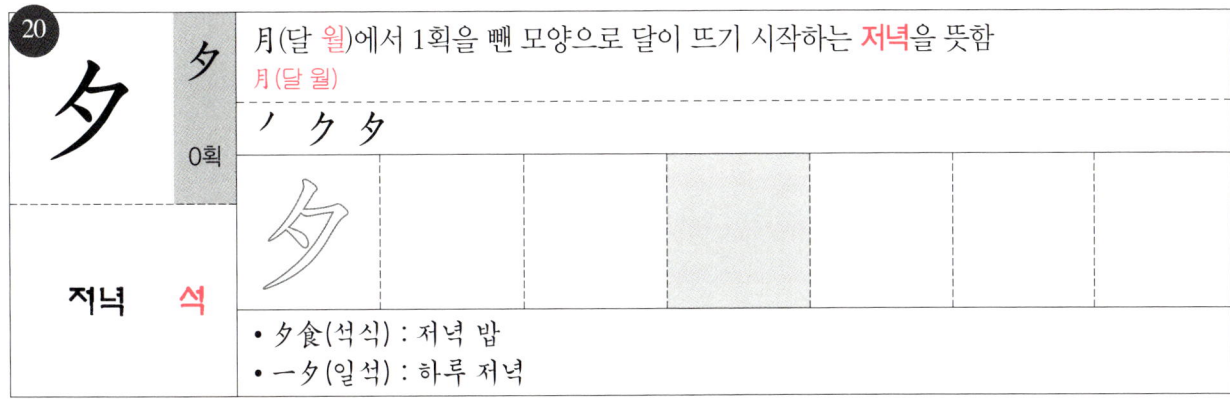

자원으로 한자 알기

* 먹이를 **싸고**(⺈) 있는 **뱀**(巴)을 보고 놀라 얼굴**빛**이 변하니　☞
* 月(달 월)에서 1획을 뺀 모양으로 달이 뜨기 시작하는 **저녁**을 뜻함　☞

一思多得

門	+ 日 =	間(사이 간)	문(門)틈 **사이**로 **햇빛**(日)이 새어 들어오니
	+ 口 =	問(물을 문)	문(門)에 대고 **입**(口) 벌려 **물으니**

두음법칙(頭音法則)

　일부의 소리가 단어의 첫머리에 발음되는 것을 꺼려 다른 소리로 발음 되는 일

　ㄴ ⇒ ㅇ 으로

　ㄹ ⇒ ㄴ, ㅇ 으로 변함

　예) 女(계집 녀) ⇒ 子女(자녀), 女子(여자)

　　　老(늙을 로) ⇒ 長老(장로), 老人(노인)

　　　里(마을 리) ⇒ 洞里(동리), 里長(이장)

다음 한자를 나누고 **자원**을 쓰면서 익히세요.

林 (수풀 림) = ☐ + ☐

面 (얼굴 면) =

命 (명령할 명) = ☐ + ☐ + ☐ + ☐

問 (물을 문) = ☐ + ☐

文 (글월 문) = ☐ + ☐ + ☐

百 (일백 백) = ☐ + ☐

夫 (사내 부) = ☐ + ☐

算 (셈 산) = ☐ + ☐ + ☐

色 (빛 색) = ☐ + ☐

夕 (저녁 석) =

다음 한자어의 **독음**을 쓰세요.

竹 林	山 林	面 目	外 面
王 命	生 命	問 答	問 安
名 文	文 學	百 年	百 方
農 夫	兄 夫	合 算	心 算
同 色	物 色	夕 食	一 夕

다음 한자어를 **한자**로 쓰세요.

대 죽 / 수풀 림	얼굴 면 / 눈 목	임금 왕 / 명령할 명	물을 문 / 대답할 답
이름날 명 / 글월 문	일백 백 / 해 년	농사 농 / 사내 부	합할 합 / 셈 산
같을 동 / 빛 색	저녁 석 / 밥 식	산 산 / 수풀 림	바깥 외 / 얼굴 면
살 생 / 목숨 명	물을 문 / 편안할 안	글월 문 / 학문 학	일백 백 / 사방 방
형 형 / 남편 부	마음 심 / 셈 산	물건 물 / 빛 색	한 일 / 저녁 석

예문으로 한자어 익히기 (한자로 쓰인 단어의 뜻을 써보세요.)

1. 전남 담양은 **竹林**이 유명하다.

2. 봄, 가을철에 자주 발생하는 산불은 **山林**을 크게 훼손시킨다.

3. 약속을 지키지 못해 친구를 볼 **面目**이 없다.

4. 사람은 **外面**만 보고 판단해서는 안 된다.

5. 너희들이 감히 **王命**을 거역할 것이냐?

6. 봄을 맞은 들에는 온갖 **生命**으로 가득 차 있다.

7. 학생은 시험에 대비해 **問答**으로 풀이된 참고서를 읽었다.

8. 선생님께 **問安** 인사를 드리다.

9. 그의 글은 당대의 **名文**으로 이름나 있다.

10. 그는 **文學**에 재능이 있다.

11. 영국과 프랑스의 **百年** 전쟁이 마침내 끝났다.

12. 잃어버린 아이를 찾으려고 **百方**으로 수소문하고 다녔다.

13. **農夫**가 때를 맞추어 씨앗을 뿌리고 가꾸어야 풍성한 결실을 거둘 수 있다.

14. 내 조카는 언니와 **兄夫**를 조금씩 다 닮았다.

15. 시청료가 전기 요금에 **合算**되었다.

16. 우린 빈 깡통이나 주워 모을 **心算**으로 그 공원을 어슬렁거리며 돌아다녔다.

17. 풀색과 초록은 **同色**이다.

18. **物色** 고운 색동옷을 입었다.

19. 오늘 **夕食**은 구수한 된장찌개다.

20. **一夕**은 하루 저녁이란 뜻으로 짧은 시일을 이르는 말로도 쓰인다.

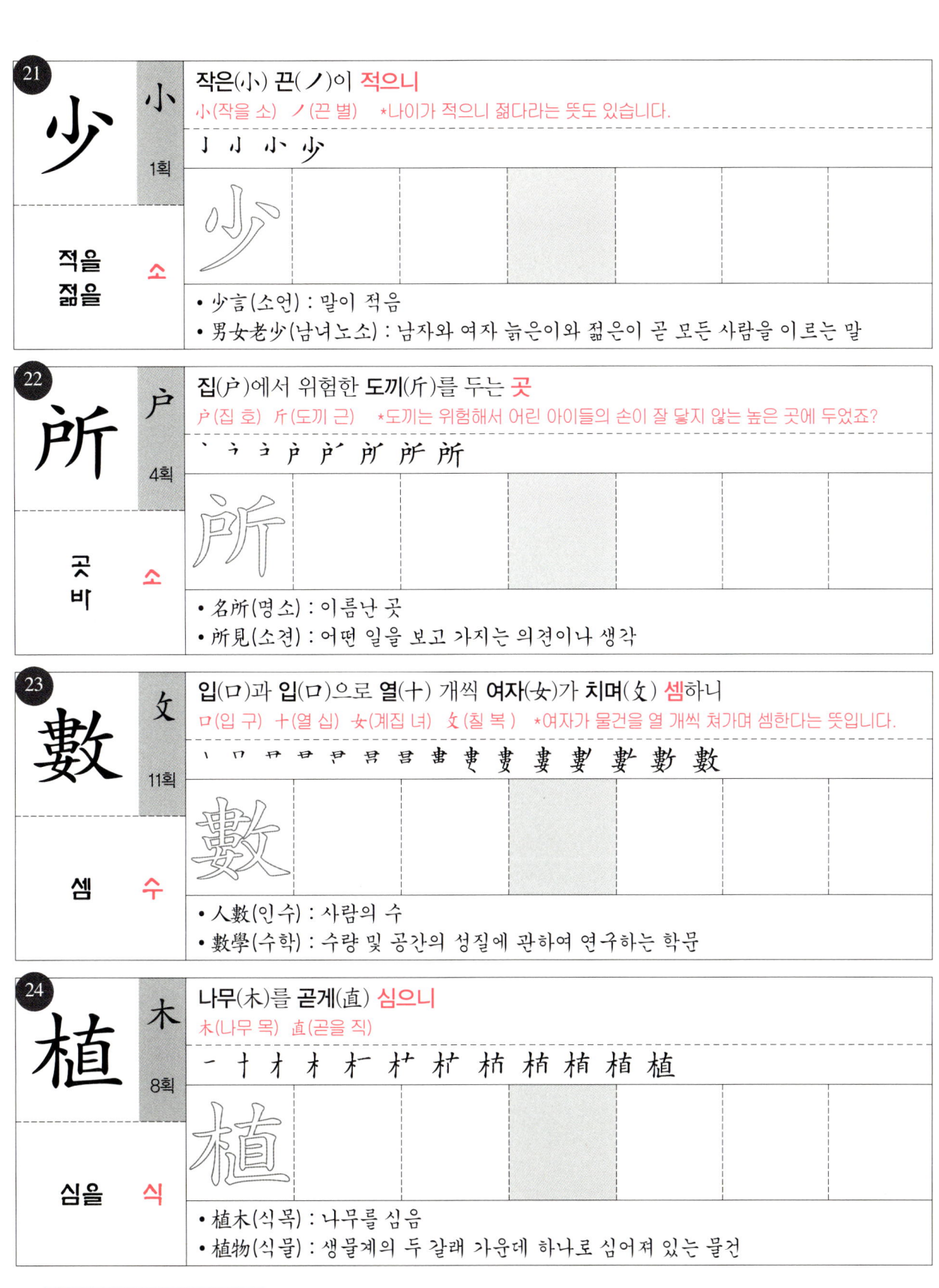

21	少	小 1획	작은(小) 끈(ノ)이 **적으니**
			小(작을 소) ノ(끈 별) *나이가 적으니 젊다라는 뜻도 있습니다.
	적을 **젊을**	**소**	ノ 丿 小 少
			• 少言(소언) : 말이 적음
			• 男女老少(남녀노소) : 남자와 여자 늙은이와 젊은이 곧 모든 사람을 이르는 말

22	所	戶 4획	집(戶)에서 위험한 **도끼**(斤)를 두는 **곳**
			戶(집 호) 斤(도끼 근) *도끼는 위험해서 어린 아이들의 손이 잘 닿지 않는 높은 곳에 두었죠?
	곳 **바**	**소**	` ㅋ ㅋ 戶 戶 所 所 所
			• 名所(명소) : 이름난 곳
			• 所見(소견) : 어떤 일을 보고 가지는 의견이나 생각

23	數	攵 11획	입(口)과 입(口)으로 **열**(十) 개씩 **여자**(女)가 **치며**(攵) **셈하니**
			口(입 구) 十(열 십) 女(계집 녀) 攵(칠 복) *여자가 물건을 열 개씩 쳐가며 셈한다는 뜻입니다.
	셈	**수**	ㅣ 口 田 田 田 品 品 曲 曹 婁 婁 婁 數 數
			• 人數(인수) : 사람의 수
			• 數學(수학) : 수량 및 공간의 성질에 관하여 연구하는 학문

24	植	木 8획	나무(木)를 **곧게**(直) **심으니**
			木(나무 목) 直(곧을 직)
	심을	**식**	一 十 才 才 才 才 植 植 植 植
			• 植木(식목) : 나무를 심음
			• 植物(식물) : 생물계의 두 갈래 가운데 하나로 심어져 있는 물건

자원으로 한자 알기

* 작은(　) 끈(ノ)이 **적으니**　　　☞
* 집(　)에서 위험한 **도끼**(斤)를 두는 **곳**　　　☞
* 입(口)과 입(口)으로 **열**(十) 개씩 **여자**(女)가 **치며**(　) **셈하니**　　　☞
* 나무(　)를 **곧게**(直) **심으니**　　　☞

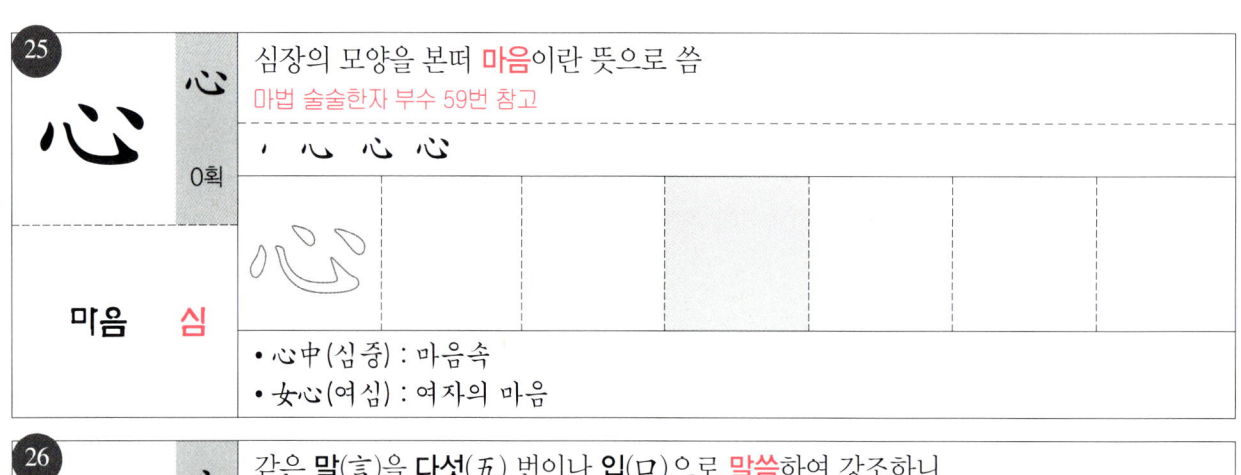

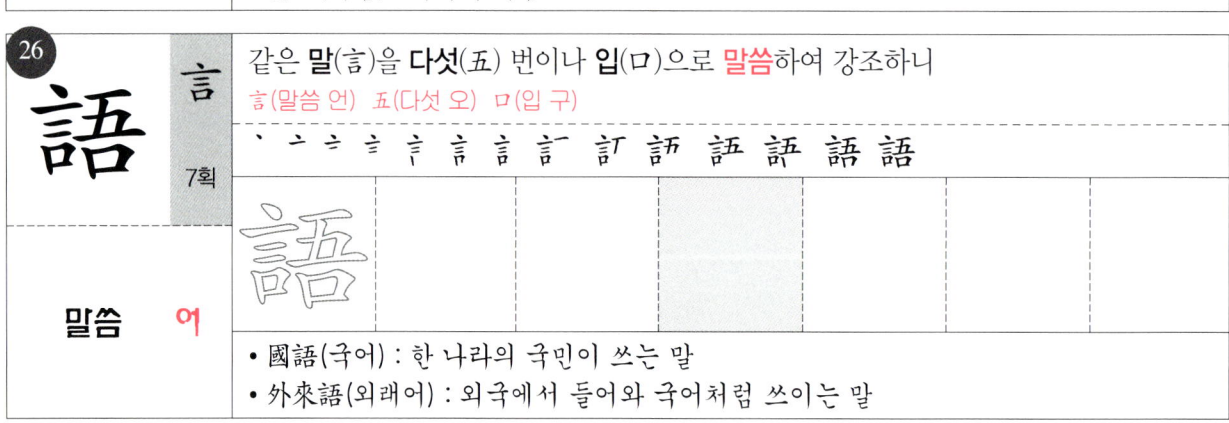

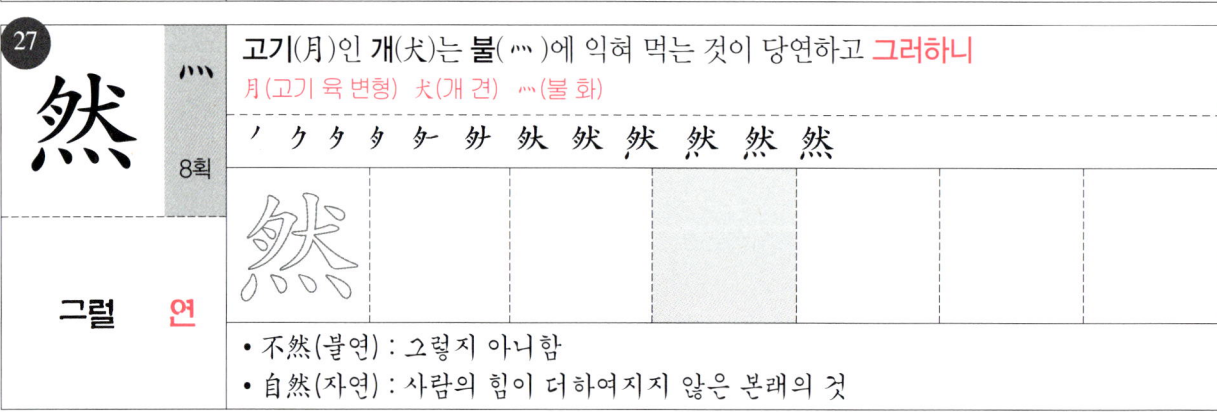

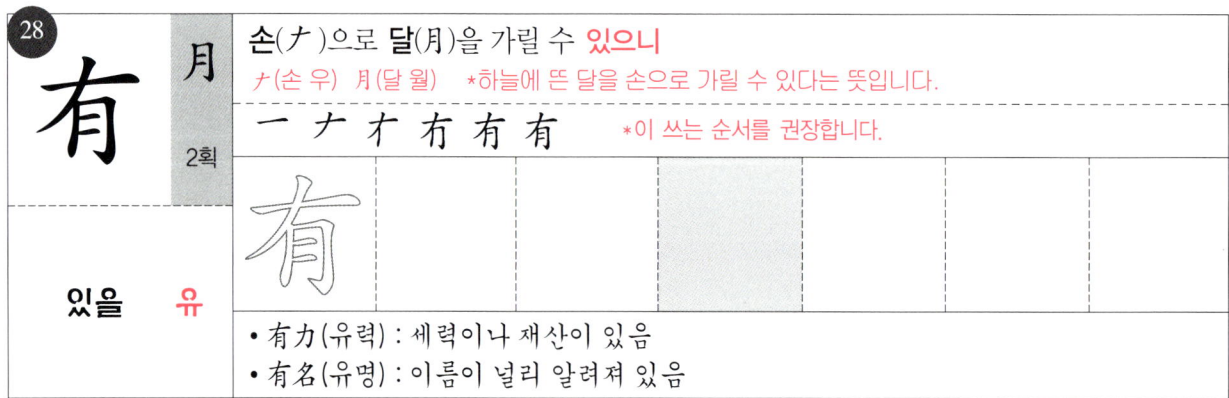

자원으로 한자 알기

* 심장의 모양을 본떠 **마음**이란 뜻으로 씀
* 같은 **말**( )을 **다섯**(五) 번이나 **입**(口)으로 **말씀**하여 강조하니
* **고기**(月)인 **개**(犬)는 **불**( )에 익혀 먹는 것이 당연하고 **그러하니**
* **손**(ナ)으로 **달**( )을 가릴 수 **있으니**

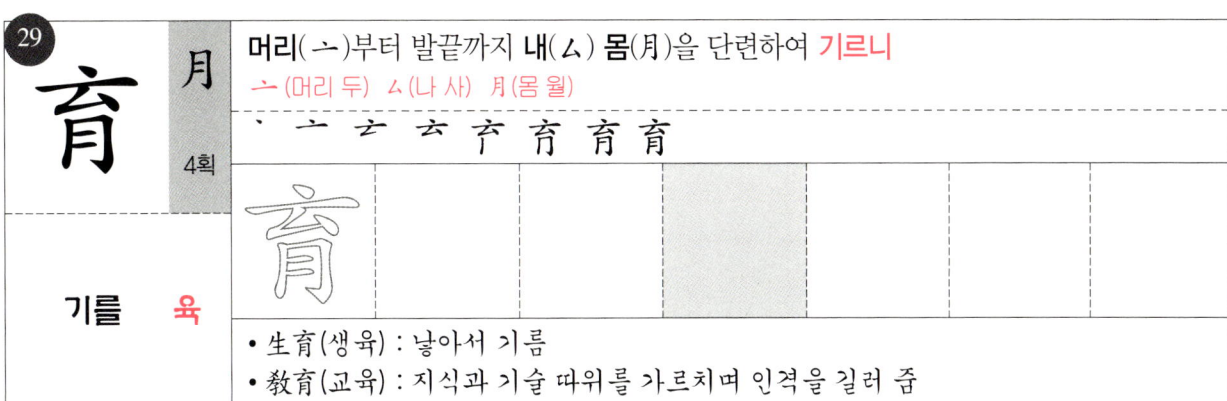

29 育 4획 기를 육	月	머리(亠)부터 발끝까지 내(厶) 몸(月)을 단련하여 **기르니** 亠(머리 두) 厶(나 사) 月(몸 월)
		丶 亠 二 ㄊ 云 产 育 育 育
		• 生育(생육) : 낳아서 기름 • 敎育(교육) : 지식과 기술 따위를 가르치며 인격을 길러 줌

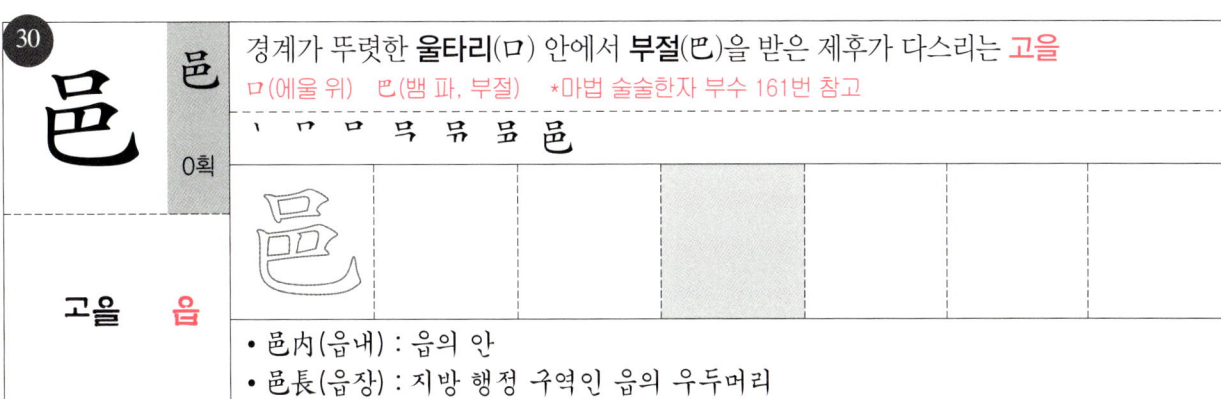

30 邑 0획 고을 읍	邑	경계가 뚜렷한 **울타리**(口) 안에서 **부절**(巴)을 받은 제후가 다스리는 **고을** 口(에울 위) 巴(뱀 파, 부절) *마법 술술한자 부수 161번 참고
		丶 ㄇ 口 므 吊 吊 邑
		• 邑內(읍내) : 읍의 안 • 邑長(읍장) : 지방 행정 구역인 읍의 우두머리

자원으로 한자 알기

* 머리(亠)부터 발끝까지 내(厶) 몸( )을 단련하여 **기르니**
* 경계가 뚜렷한 **울타리**(口) 안에서 **부절**(巴)을 받은 제후가 다스리는 **고을**

一思多得

25 心(가운데 심)

마음(心)은 가운데에 있다하여 **가운데**란 뜻도 있습니다.
中心(중심) : 한가운데

ナ	+ 口	= 右(오른쪽 우)	손(ナ) 중에 입(口)으로 먹을 것을 나르는 손은 **오른쪽**이니
	+ 工	= 左(왼쪽 좌)	손(ナ) 중에서 무엇인가를 만들(工) 때 도와주는 손은 **왼쪽**이니
	+ 月	= 有(있을 유)	손(ナ)으로 달(月)을 가릴 수 **있으니**

ㄅ +	巴	= 色(빛 색)	먹이를 싸고(ㄅ) 있는 뱀(巴)을 보고 놀라 얼굴**빛**이 변하니
口 +		= 邑(고을 읍)	경계가 뚜렷한 **울타리**(口) 안에서 **부절**(巴)을 받은 제후가 다스리는 **고을**

다음 한자를 나누고 **자원**을 쓰면서 익히세요.

少 (적을 소) = ☐ + ☐

所 (곳 소) = ☐ + ☐

數 (셈 수) = ☐ + ☐ + ☐ + ☐ + ☐

植 (심을 식) = ☐ + ☐

心 (마음 심) =

語 (말씀 어) = ☐ + ☐ + ☐

然 (그럴 연) = ☐ + ☐ + ☐

有 (있을 유) = ☐ + ☐

育 (기를 육) = ☐ + ☐ + ☐

邑 (고을 읍) = ☐ + ☐

 다음 한자어의 **독음**을 쓰세요.

少言	名所	所見	人數
數學	植木	植物	心中
女心	國語	不然	自然
有力	有名	生育	敎育
邑內	邑長		

 다음 한자어를 **한자**로 쓰세요.

적을 소 말씀 언	이름날 명 곳 소	사람 인 셈 수	심을 식 나무 목
마음 심 가운데 중	나라 국 말씀 어	아닐 불 그럴 연	있을 유 힘 력
날 생 기를 육	고을 읍 안 내	바 소 견해 견	셈 수 학문 학
심을 식 물건 물	계집 녀 마음 심	스스로 자 그럴 연	있을 유 이름날 명
가르칠 교 기를 육	고을 읍 어른 장		

예문으로 한자어 익히기 (한자로 쓰인 단어의 뜻을 써보세요.)

1. 그는 **少言**하며 남의 말을 귀담아 들었다.

2. 외국에서 온 손님들을 모시고 여러 관광 **名所**를 다녔다.

3. 저의 **所見**은 다음과 같습니다.

4. 해외 단체 여행은 **人數**가 30명 이상이어야 한다.

5. 이번 기말고사에서 **數學** 우수상을 받았다.

6. 우리 가족은 오전에 **植木**행사에 동참했다.

7. 도로 좌우에는 열대 **植物**이 무성하였다.

8. 나는 친구에게 **心中**에 묻어 두었던 말을 털어놓았다.

9. 의류 업체들은 **女心**을 사로잡기 위해 섹시하고 여성적인 디자인으로 만들었다.

10. 이 책은 이십여 개 **國語**로 번역되었다.

11. 네 말이 사실이냐? **不然**하면 엄벌을 면치 못하리라.

12. 이 섬은 보기 드물게 아름다운 **自然**을 가지고 있어서 관광객이 많이 찾는다.

13. 그는 이 지방의 **有力** 인사 가운데 한 사람이다.

14. 요즘 학생들은 **有名** 상표가 있는 제품을 선호한다.

15. 부모는 자식의 **生育**을 위해 평생을 희생한다.

16. 하늘과 산과 들과 이웃을 사랑하도록 가르치는 게 **敎育**이라고 나는 생각한다.

17. **邑內**에 가서 옷과 신발을 샀다.

18. 군수를 만나든 **邑長**을 만나든 똑같이 우대해주었다.

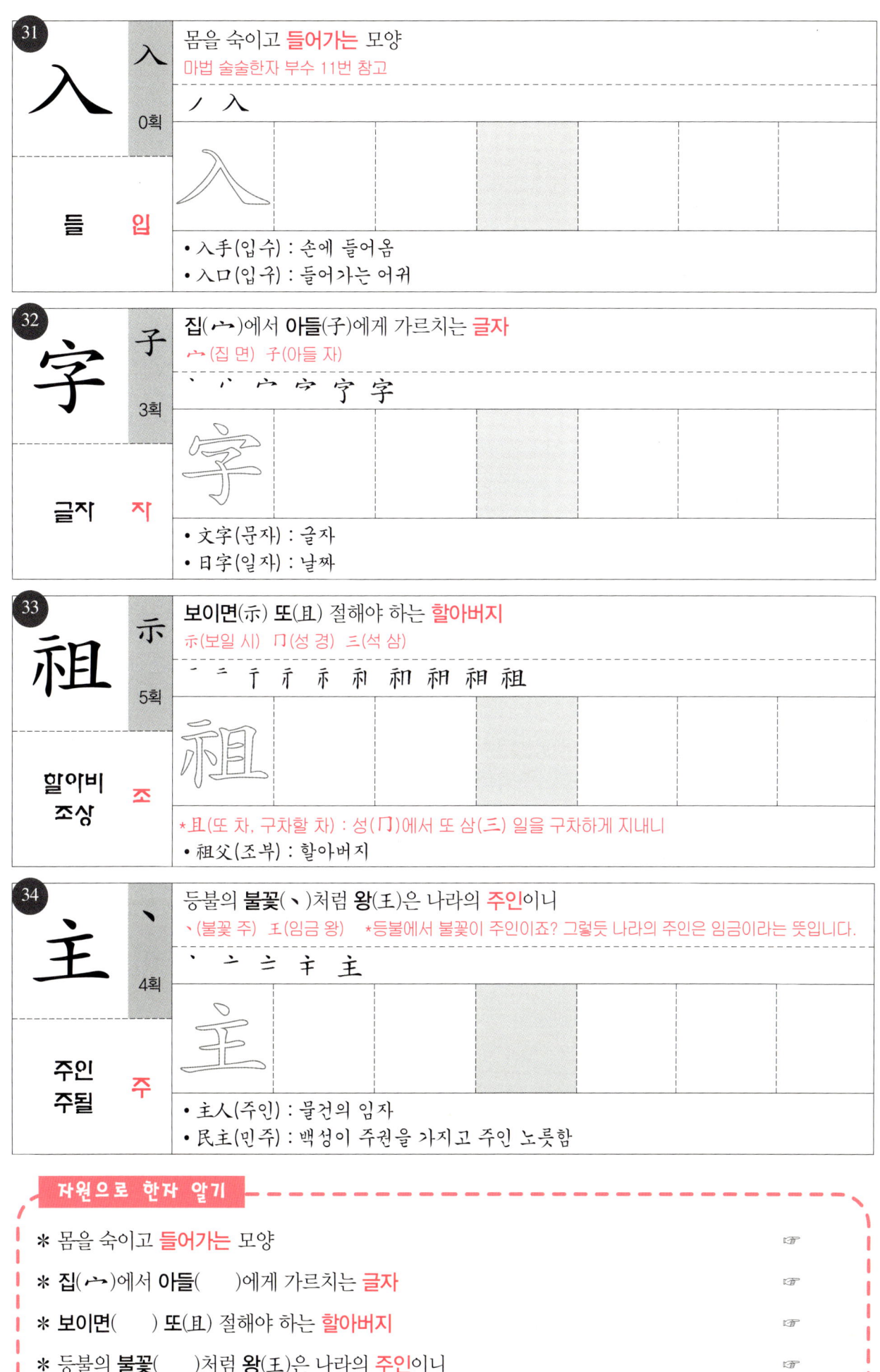

35 住 | 亻 | 5획 | 살 주

사람(亻)은 주(主)로 일정한 곳에 머물러 **사니**
亻(사람 인) 主(주될 주)

丿 亻 亻 亻 仁 住 住

- 安住(안주) : 편안하게 삶
- 住民(주민) : 그 땅에 사는 백성

36 重 | 里 | 2획 | 무거울·중요할 중

천(千) 리나 되는 먼 거리(里)에 떨어져 있어 마음이 **무거우니**
丿(끈 별) 十(열 십) 里(거리 리)

丿 一 一 一 亠 盲 盲 重 重

＊千(일천 천) : 끈(丿)으로 열(十) 개씩 묶어놓은 천 개
- 重大(중대) : 매우 중요하고 큼

37 地 | 土 | 3획 | 땅 지

흙(土) 또한(也) **땅**이니
土(흙 토) 力(힘 력) ㄴ(구부릴 을)

一 十 土 圡 地 地

＊也(또한 야) : 힘(力)을 구부리고(ㄴ) 또한 쓰니
- 土地(토지) : 땅

38 紙 | 糸 | 4획 | 종이 지

섬유질 실(糸)을 뿌리(氏)처럼 얽히고설켜서 만든 **종이**
糸(실 사) 氏(뿌리 씨) ＊종이는 닥나무나 펄프 같은 식물의 섬유를 얽혀서 만듭니다.

丿 ㄥ ㄠ 幺 幺 糸 糸 紅 紅 紙 紙

- 白紙(백지) : 흰 종이
- 紙面(지면) : 종이의 겉면

자원으로 한자 알기

＊ **사람**(   )은 **주**(主)로 일정한 곳에 머물러 **사니**

＊ **천**(千) 리나 되는 먼 **거리**(   )에 떨어져 있어 마음이 **무거우니**

＊ **흙**(   ) **또한**(也) **땅**이니

＊ 섬유질 **실**(   )을 **뿌리**(氏)처럼 얽히고설켜서 만든 **종이**

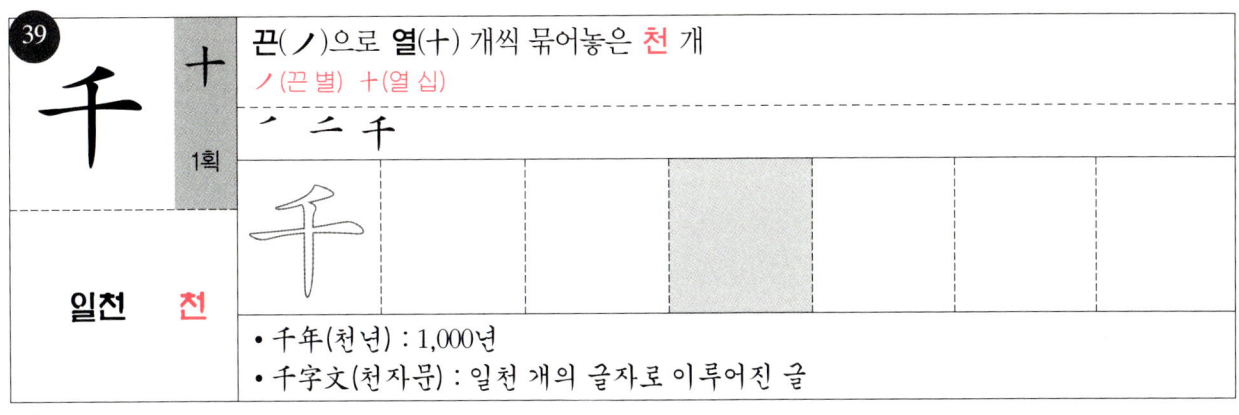

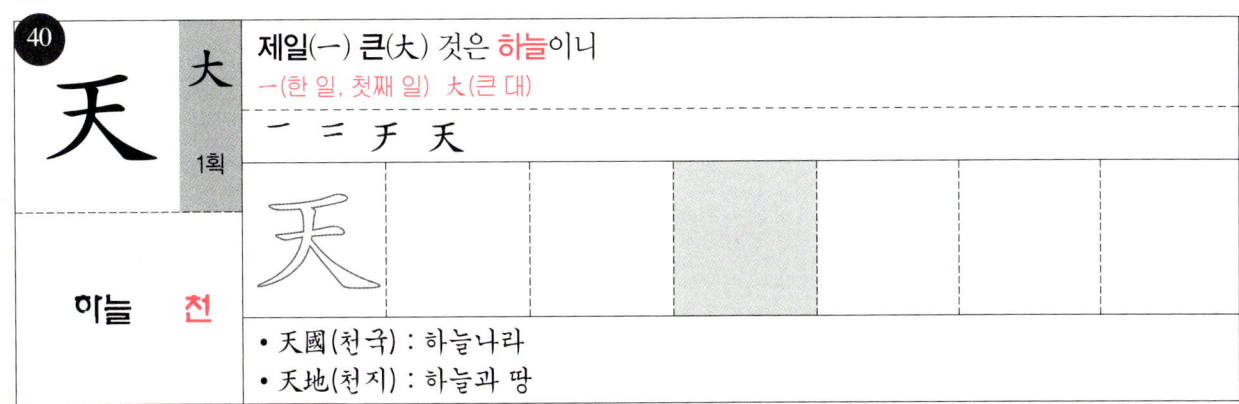

자원으로 한자 알기

* 끈(丿)으로 열(   ) 개씩 묶어놓은 천 개
* 제일(一) 큰(   ) 것은 하늘이니

一思多得

宀	+ 至	= 室(집 실)	집(宀)에 이르러(至) 쉬는 방
	+ 豕	= 家(집 가)	집(宀)에 돼지(豕)처럼 많이 모여서 집안을 이루니
	+ 女	= 安(편안할 안)	집(宀)에 여자(女)가 있어야 편안하니
	+ 子	= 字(글자 자)	집(宀)에서 아들(子)에게 가르치는 글자

土	+ 昜	= 場(마당 장)	땅(土)에 볕(昜)이 잘드는 곳은 마당이니
	+ 也	= 地(땅 지)	흙(土) 또한(也) 땅이니

❹⓿ 天(하늘 천)   夫(사내 부) 잘 구별하세요.

天(하늘 천) : 제일(一) 큰(大) 것은 하늘이니

夫(사내 부) : 사내는 상투를 틀지요! 그래서 夫(사내 부)는 상투처럼 위로 나왔다고 생각하세요.

다음 한자를 나누고 **자원**을 쓰면서 익히세요.

入 =
들 입

字 = ☐ + ☐
글자 자

祖 = ☐ + ☐
할아비 조

主 = ☐ + ☐
주인 주

住 = ☐ + ☐
살 주

重 = ☐ + ☐
무거울 중

地 = ☐ + ☐
땅 지

紙 = ☐ + ☐
종이 지

千 = ☐ + ☐
일천 천

天 = ☐ + ☐
하늘 천

🔹 다음 한자어의 **독음**을 쓰세요.

入 手	入 口	文 字	日 字
祖 父	主 人	民 主	安 住
住 民	重 大	土 地	白 紙
紙 面	千 年	天 國	天 地

🔹 다음 한자어를 **한자**로 쓰세요.

들 입	손 수	글월 문	글자 자	할아비 조	아비 부	주인 주	사람 인
편안할 안	살 주	중요할 중	큰 대	땅 토	땅 지	흰 백	종이 지
일천 천	해 년	하늘 천	나라 국	들 입	어귀 구	날 일	글자 자
백성 민	주인 주	살 주	백성 민	종이 지	표면 면	하늘 천	땅 지

예문으로 한자어 익히기 (한자로 쓰인 단어의 뜻을 써보세요.)

1. 그들이 새로운 범죄를 음모한다는 정보가 **入手**되었다.

2. 우리는 식당의 **入口** 쪽에 자리를 잡았다.

3. 공자님 앞에서 **文字** 쓰고 있네!

4. 기말 시험 **日字**가 발표되었다.

5. 나는 다섯 살 때부터 **祖父**의 가르침으로 한학을 공부했다.

6. 길거리에 떨어진 지갑을 주워 **主人**을 찾아주었다.

7. 평화롭고 부강한 **民主** 국가를 건설하다.

8. 그는 지금 다니는 직장에 **安住**하지 못하고 더 나은 직장을 찾고 있다.

9. **住民**들의 반대로 공사를 시작하지 못하고 있다.

10. 그는 순간의 실수로 **重大**한 일을 망치고 말았다.

11. 농민은 **土地**에 대한 욕심이 강하다.

12. **白紙**에 낙서를 하다.

13. 자세한 내용은 **紙面**을 통해 얘기하겠다.

14. **千年**의 전통을 자랑하다.

15. 사랑이 있는 곳이 곧 **天國**이다.

16. 눈이 온 **天地**를 뒤덮었다.

41 川	川 0획	냇물이 흐르는 모양 마법 술술한자 부수 45번 참고
내 천		ノ 刂 川
		•大川(대천) : 큰 내 •山川(산천) : 산과 내 라는 뜻으로 자연을 일컫는 말

42 草	艹 6획	풀(艹)이 햇빛(日)을 받아 땅(一)을 뚫고(丨) 돋아나니 艹(풀 초) 日(해 일) 一(땅 일) 丨(뚫을 곤)
풀 초		一 十 十 艹 艹 苎 苩 草 草
		•草木(초목) : 풀과 나무를 아울러 이르는 말 •草家(초가) : 짚이나 갈대 따위로 지붕을 인 집

43 村	木 3획	나무(木)로 규칙(寸)에 따라 집을 지은 마을 木(나무 목) 寸(규칙 촌)
마을 촌		一 十 才 木 村 村 村
		•江村(강촌) : 강가의 마을 •村長(촌장) : 마을의 어른

44 秋	禾 4획	벼(禾)를 불(火) 같은 햇빛에 말려 거두는 가을 禾(벼 화) 火(불 화) *벼는 가을에 수확하여 햇빛에 말리죠?
가을 추		ノ 二 千 千 禾 禾 禾 秒 秋
		•千秋(천추) : 썩 오랜 세월 •秋色(추색) : 가을 빛 또는 가을의 경치

자원으로 한자 알기

* 냇물이 흐르는 모양　　　　　　　　　　　　　　　　　　　　　☞
* 풀(　)이 햇빛(日)을 받아 땅(一)을 뚫고(丨) 돋아나니　☞
* 나무(　)로 규칙(寸)에 따라 집을 지은 마을　　　　　　　☞
* 벼(　)를 불(火) 같은 햇빛에 말려 거두는 가을　　　　　☞

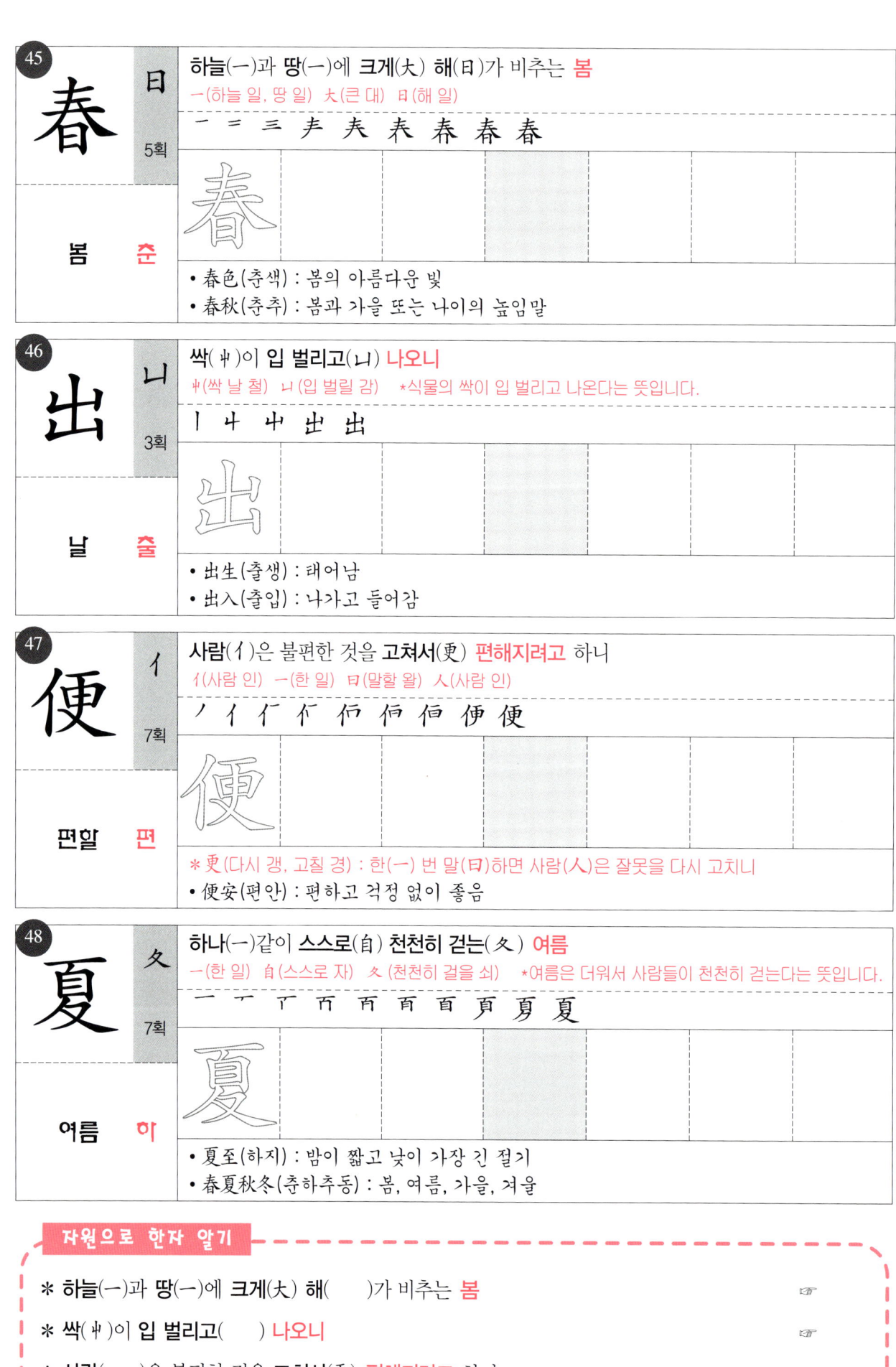

45. 春 (봄 춘) — 日, 9획

하늘(一)과 땅(一)에 크게(大) 해(日)가 비추는 **봄**
一(하늘 일, 땅 일) 大(큰 대) 日(해 일)

一 二 三 夫 夫 表 春 春 春

- 春色(춘색) : 봄의 아름다운 빛
- 春秋(춘추) : 봄과 가을 또는 나이의 높임말

46. 出 (날 출) — 凵, 5획

싹(屮)이 입 벌리고(凵) **나오니**
屮(싹 날 철) 凵(입 벌릴 감)　*식물의 싹이 입 벌리고 나온다는 뜻입니다.

丨 屮 屮 出 出

- 出生(출생) : 태어남
- 出入(출입) : 나가고 들어감

47. 便 (편할 편) — 亻, 7획

사람(亻)은 불편한 것을 **고쳐서**(更) **편해지려고** 하니
亻(사람 인) 一(한 일) 曰(말할 왈) 人(사람 인)

丿 亻 亻 仁 佢 佢 但 便 便

* 更(다시 갱, 고칠 경) : 한(一) 번 말(曰)하면 사람(人)은 잘못을 다시 고치니
- 便安(편안) : 편하고 걱정 없이 좋음

48. 夏 (여름 하) — 夂, 7획

하나(一)같이 **스스로**(自) 천천히 걷는(夂) **여름**
一(한 일) 自(스스로 자) 夂(천천히 걸을 쇠)　*여름은 더워서 사람들이 천천히 걷는다는 뜻입니다.

一 丆 丆 丙 百 百 百 夏 夏 夏

- 夏至(하지) : 밤이 짧고 낮이 가장 긴 절기
- 春夏秋冬(춘하추동) : 봄, 여름, 가을, 겨울

자원으로 한자 알기

* 하늘(一)과 땅(一)에 크게(大) 해(　) 가 비추는 **봄**
* 싹(屮)이 입 벌리고(　) **나오니**
* 사람(　)은 불편한 것을 **고쳐서**(更) **편해지려고** 하니
* 하나(一)같이 스스로(自) 천천히 걷는(　) **여름**

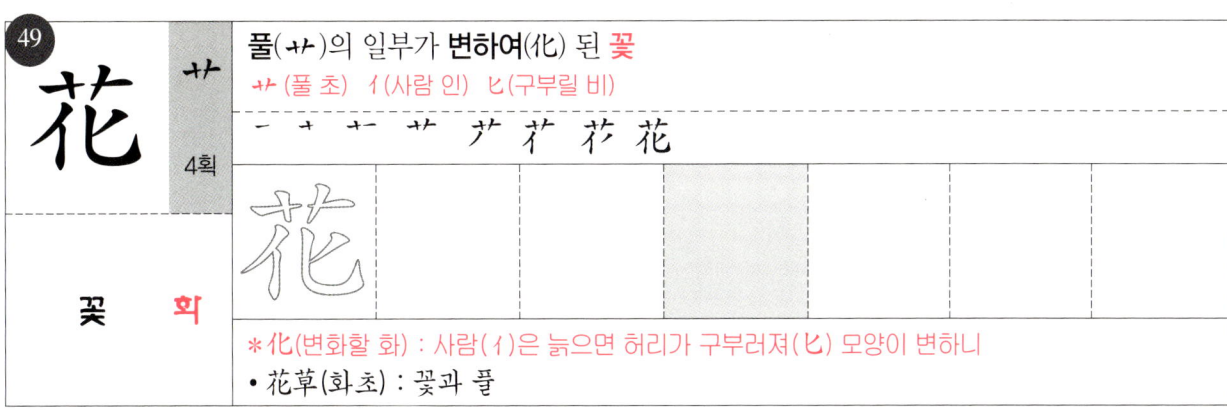

49 花 꽃 화	艹 4획	풀(艹)의 일부가 **변하여**(化) 된 **꽃** 艹(풀 초) 亻(사람 인) 匕(구부릴 비) 一 十 十 扩 扩 芥 花 花

*化(변화할 화) : 사람(亻)은 늙으면 허리가 구부러져(匕) 모양이 변하니
- 花草(화초) : 꽃과 풀

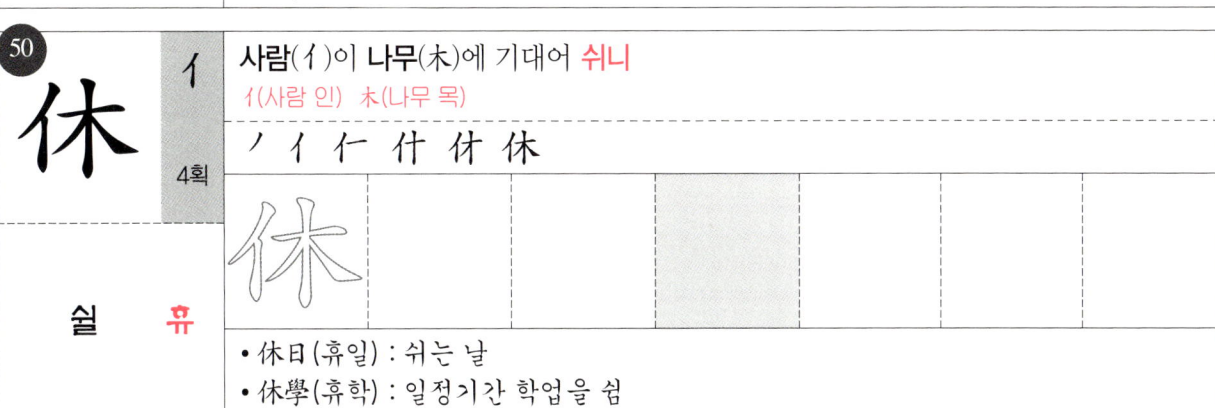

50 休 쉴 휴	亻 4획	사람(亻)이 나무(木)에 기대어 **쉬니** 亻(사람 인) 木(나무 목) ノ 亻 亻 什 伂 休

- 休日(휴일) : 쉬는 날
- 休學(휴학) : 일정기간 학업을 쉼

자원으로 한자 알기

* 풀(   )의 일부가 **변하여**(化) 된 **꽃**
* 사람(   )이 나무(木)에 기대어 **쉬니**

一思多得

木	+ 交 = 校(학교 교)	나무(木) 회초리로 맞기도 하며 친구도 **사귀는**(交) 학교
	+ 木 = 林(수풀 림)	나무(木)와 나무(木)들로 우거진 **숲**
	+ 直 = 植(심을 식)	나무(木)를 **곧게**(直) 심으니
	+ 寸 = 村(마을 촌)	나무(木)로 **규칙**(寸)에 따라 집을 지은 **마을**

47 便(똥오줌 변)

참았던 똥오줌을 누면 편하니 **똥오줌**이라는 뜻도 있습니다.

小便(소변) : 오줌

亻	+ 主 = 住(살 주)	사람(亻)은 **주**(主)로 일정한 곳에 머물러 **사니**
	+ 更 = 便(편할 편)	사람(亻)은 불편한 것을 **고쳐서**(更) 편해지려고 하니
	+ 木 = 休(쉴 휴)	사람(亻)이 나무(木)에 기대어 **쉬니**

다음 한자를 나누고 **자원**을 쓰면서 익히세요.

川 (내 천) =

草 (풀 초) = ☐ + ☐ + ☐ + ☐

村 (마을 촌) = ☐ + ☐

秋 (가을 추) = ☐ + ☐

春 (봄 춘) = ☐ + ☐ + ☐ + ☐

出 (날 출) = ☐ + ☐

便 (편할 편) = ☐ + ☐

夏 (여름 하) = ☐ + ☐ + ☐

花 (꽃 화) = ☐ + ☐

休 (쉴 휴) = ☐ + ☐

 다음 한자어의 **독음**을 쓰세요.

大 川	山 川	草 木	草 家
江 村	村 長	千 秋	秋 色
春 色	春 秋	出 生	出 入
便 安	夏 至	花 草	休 日
休 學			

 다음 한자어를 **한자**로 쓰세요.

큰 대	내 천	풀 초	나무 목	강 강	마을 촌	일천 천	가을 추
봄 춘	빛 색	날 출	날 생	편할 편	편안할 안	여름 하	이를 지
꽃 화	풀 초	쉴 휴	날 일	산 산	내 천	풀 초	집 가
마을 촌	어른 장	가을 추	빛 색	봄 춘	가을 추	날 출	들 입
쉴 휴	배울 학						

예문으로 한자어 익히기 (한자로 쓰인 단어의 뜻을 써보세요.)

1. 명산 **大川**을 찾아다니며 수련을 하였다.

2. 고향 **山川**은 온통 푸르고 싱그러웠다.

3. 하늘로 증발한 물은 이윽고 구름이 되어 **草木**을 적시는 비를 이룬다.

4. **草家**지붕 위로 탐스럽게 박이 열렸다.

5. 한가롭게 떠도는 구름 때문에 **江村**은 더욱 평화롭게 느껴졌다.

6. 그 노인은 몇 개의 마을을 다스리는 **村長**이었다.

7. 내가 이번에 물러서면 **千秋**에 한을 남기고 말 것이다.

8. 산과 들은 붉고 노란 옷으로 갈아입어 완전한 **秋色**이었다.

9. 창밖의 들녘 풍경은 어느새 연연한 **春色**을 띠고 있었다.

10. 나는 그녀의 아버님께 **春秋**가 어떻게 되시는지 여쭈어 보았다.

11. 오늘 우리 병원에서 **出生**된 아기 모두가 건강하다.

12. 경찰은 외부인의 **出入**을 막았다.

13. 그는 자신의 **便安**만을 생각한다.

14. **夏至**는 일 년 중 낮이 가장 길고 밤이 가장 짧다.

15. 그는 집안에 온갖 **花草**를 심어 기르고 있다.

16. 그는 **休日** 아침마다 늦잠을 잔다.

17. 형은 가정 형편이 어려워 **休學** 중이다.

자원으로 한자 알기.

1. 옳다(可) 옳다(可) 하듯 입 벌려(　) 노래하니 ☞
2. 입 모양 ☞
3. 사방(　)에서 사람(人)들이 바라보는 그(其) 기 ☞
4. 뒤져 오면서(夂) 얼음(　)이 어는 계절은? 겨울 ☞
5. 성(冂)을 하나(一)의 입구(　)로 같이 다니니 ☞
6. 물(　)을 같이(同) 마시고 사는 마을 ☞
7. 걸어서(　) 제기(豆)를 들고 신전에 오르니 ☞
8. 나무(木) 밑으로 사람(　)과 사람(人)들이 오니 ☞
9. 땅(土)에 비스듬히(丿) 허리를 구부리고(匕) 있는 늙은이 ☞
10. 해(日)가 잘 비치고 땅(土)이 좋은 마을 ☞
11. 나무(　)와 나무(木)들로 우거진 숲 ☞
12. 수염(而)이 있는 얼굴 모양 ☞
13. 사람(人)들을 하나(一)같이 입(　)으로 무릎 꿇려(卩) 놓고 명령하니 ☞
14. 문(門)에 대고 입(　) 벌려 물으니 ☞
15. 머리(亠)로 생각하고 삐치고(丿) 파여(乀) 쓴 글 ☞
16. 일(一)과 백(　) 음만 합치면 일백이니 ☞
17. 한(一) 가정을 거느릴 정도로 큰(　) 사내나 남편이니 ☞
18. 대(　)를 눈(目)으로 확인하며 스무(卄) 개씩 셈하니 ☞
19. 먹이를 싸고(勹) 있는 뱀(巴)을 보고 놀라 얼굴빛이 변하니 ☞
20. 月(달 월)에서 1획을 뺀 모양으로 달이 뜨기 시작하는 저녁을 뜻함 ☞
21. 작은(　) 끈(丿)이 적으니 ☞
22. 집(　)에서 위험한 도끼(斤)를 두는 곳 ☞
23. 입(口)과 입(口)으로 열(十) 개씩 여자(女)가 치마(　) 셈하니 ☞
24. 나무(　)를 곧게(直) 심으니 ☞
25. 심장의 모양을 본떠 마음이란 뜻으로 씀 ☞

자원으로 한자 알기.

26. 같은 **말(　)**을 **다섯(五)** 번이나 **입(口)**으로 **말씀**하여 강조하니

27. **고기(月)**인 **개(犬)**는 **불(　)**에 익혀 먹는 것이 당연하고 **그러하니**

28. **손(⺅)**으로 **달(　)**을 가릴 수 **있으니**

29. **머리(亠)**부터 발끝까지 **내(厶) 몸(　)**을 단련하여 **기르니**

30. 경계가 뚜렷한 **울타리(口)** 안에서 **부절(巴)**을 받은 제후가 다스리는 **고을**

31. 몸을 숙이고 **들어가는** 모양

32. **집(宀)**에서 **아들(　)**에게 가르치는 **글자**

33. **보이면(　) 또(且)** 절해야 하는 **할아버지**

34. 등불의 **불꽃(　)**처럼 **왕(王)**은 나라의 **주인**이니

35. **사람(　)**은 **주(主)**로 일정한 곳에 머물러 **사니**

36. **천(千)** 리나 되는 먼 **거리(　)**에 떨어져 있어 마음이 **무거우니**

37. **흙(　) 또한(也) 땅**이니

38. 섬유질 **실(　)**을 **뿌리(氏)**처럼 얽히고설켜서 만든 **종이**

39. **끈(丿)**으로 **열(　)** 개씩 묶어놓은 **천** 개

40. **제일(一) 큰(　)** 것은 **하늘**이니

41. **냇물**이 흐르는 모양

42. **풀(　)**이 **햇빛(日)**을 받아 **땅(一)**을 **뚫고(丨)** 돋아나니

43. **나무(　)**로 **규칙(寸)**에 따라 집을 지은 **마을**

44. **벼(　)**를 **불(火)** 같은 햇빛에 말려 거두는 **가을**

45. **하늘(一)**과 **땅(一)**에 **크게(大) 해(　)**가 비추는 **봄**

46. **싹(屮)**이 **입** 벌리고(　) **나오니**

47. **사람(　)**은 불편한 것을 **고쳐서(更) 편해지려고** 하니

48. **하나(一)**같이 **스스로(自)** 천천히 걷는(　) **여름**

49. **풀(　)**의 일부가 **변하여(化)** 된 **꽃**

50. **사람(　)**이 **나무(木)**에 기대어 **쉬니**

다음 한자의 뜻과 음을 쓰세요.

歌	口	旗	冬	同	洞	登
來	老	里	林	面	命	問
文	百	夫		算	色	夕
少	所				數	植
心						語
然	有				育	邑
入	字	祖		主	住	重
地	紙	千	天	川	草	村
秋	春	出	便	夏	花	休

7급 1-50번 형성평가

83

다음 뜻과 음을 지닌 **한자**를 쓰세요.

노래 가	입 구	기 기	겨울 동	같을 동	마을 동	오를 등
올 래	늙을 로	마을 리	수풀 림	얼굴 면	명령할 명	물을 문
글월 문	일백 백	사내 부		셈 산	빛 색	저녁 석
적을 소	곳 소				셈 수	심을 식
마음 심		7급 1-50번 형성평가				말씀 어
그럴 연	있을 유				기를 육	고을 읍
들 입	글자 자	할아비 조		주인 주	살 주	무거울 중
땅 지	종이 지	일천 천	하늘 천	내 천	풀 초	마을 촌
가을 추	봄 춘	날 출	편할 편	여름 하	꽃 화	쉴 휴

종합
평가

다음 한자의 **뜻**과 **음**을 쓰세요.

家	間	江	車	工	空	氣
記	男	內	農	答	道	動
力	立	每		名	物	方
不	事				上	姓
世						手
市	時				食	安
午	右	子		自	場	全
前	電	正	足	左	直	平
下	漢	海	話	活	孝	後

7Ⅱ 1-50번
형성평가

86

다음 뜻과 음을 지닌 **한자**를 쓰세요.

집 가	사이 간	강 강	수레 거	장인 공	빌 공	기운 기
기록할 기	사내 남	안 내	농사 농	대답할 답	길 도	움직일 동
힘 력	설 립	매양 매		이름 명	물건 물	모 방
아닐 불	일 사				윗 상	성 성
세대 세			7Ⅱ 1-50번 형성평가			손 수
시장 시	때 시				밥 식	편안할 안
낮 오	오른쪽 우	아들 자		스스로 자	마당 장	온전할 전
앞 전	번개 전	바를 정	발 족	왼쪽 좌	곧을 직	평평할 평
아래 하	한나라 한	바다 해	말씀 화	살 활	효도 효	뒤 후

다음 한자의 뜻과 음을 쓰세요.

歌 口 旗 冬 同 洞 登
來 老 里 林 面 命 問
文 百 夫   算 色 夕
少 所   數 植
心   語
然 有   育 邑
入 字 祖   主 住 重
地 紙 千 天 川 草 村
秋 春 出 便 夏 花 休

7급 1-50번 형성평가

다음 뜻과 음을 지닌 **한자**를 쓰세요.

노래 가	입 구	기 기	겨울 동	같을 동	마을 동	오를 등
올 래	늙을 로	마을 리	수풀 림	얼굴 면	명령할 명	물을 문
글월 문	일백 백	사내 부		셈 산	빛 색	저녁 석
적을 소	곳 소				셈 수	심을 식
마음 심			7급 1-50번 형성평가			말씀 어
그럴 연	있을 유				기를 육	고을 읍
들 입	글자 자	할아비 조		주인 주	살 주	무거울 중
땅 지	종이 지	일천 천	하늘 천	내 천	풀 초	마을 촌
가을 추	봄 춘	날 출	편할 편	여름 하	꽃 화	쉴 휴

學而時習 -배우고 익히기

1. 다음 뜻에 해당하는 한자를 쓰세요.

앞, 뒤, 왼쪽, 오른쪽
→ _____

봄, 여름, 가을, 겨울
→ _____

산, 내, 풀, 나무
→ _____

2. 다음 한자어의 독음을 쓰세요.

國立 _____   軍旗 _____   登場 _____

名手 _____   不孝 _____   所重 _____

市場 _____   植物 _____   安全 _____

年上 _____   午前 _____   自活 _____

場面 _____   天心 _____   天然 _____

出世 _____   不老草 _____

3. 다음 한자어의 뜻을 쓰세요.

校歌 _____   農家 _____   事後 _____

生花 _____   自動 _____   正字 _____

直言 _____

4. 다음 한자어를 한자로 쓰세요.

가구(집안 식구) ➡

내심(속마음) ➡

대수(큰 수) ➡

매사(일마다) ➡

입주(새로 들어가 삶) ➡

하차(차에서 내림) ➡

휴지(쓸모없는 종이) ➡

▲ 해답
1. 前後左右, 春夏秋冬, 山川草木
2. 국립, 군기, 등장, 명수, 불효, 소중, 시장, 식물, 안전, 연상, 오전, 자활, 장면, 천심, 천연, 출세, 불로초
3. 학교를 상징하는 노래, 농사짓는 집, 일이 일어난 뒤, 살아있는 꽃, 스스로 움직임, 바른 글자, 곧은 말
4. 家口, 內心, 大數, 每事, 入住, 下車, 休紙

논술 -교과서 주요 한자어 익히기

國內 ( ) : 나라의 안   국내

國道 ( ) : 나라에서 직접 관리하는 도로   국도

國力 ( ) : 나라의 힘   국력

國立 ( ) : 나라에서 세움   국립

國事 ( ) : 나라에 관한 일   국사

國有 ( ) : 나라의 소유   국유

南村 ( ) : 남쪽 마을   남촌

老後 ( ) : 늙어진 뒤   노후

農家 ( ) : 농사짓는 사람의 집   농가

農土 ( ) : 농사짓는 땅   농토

答紙 ( ) : 답안지   답지

面上 ( ) : 얼굴의 위   면상

面前 ( ) : 보고 있는 앞   면전

名人 ( ) : 이름이 난 사람   명인

不動 ( ) : 움직이지 않음   부동

不正 ( ) : 옳지 않음   부정

四面 ( ) : 사방의 면   사면

四方 ( ) : 동, 서, 남, 북 네 방위를 통틀어 이르는 말   사방

四時 ( ) : 사철   사시

事後 ( ) : 일이 끝난 뒤   사후

山間 ( ) : 산과 산 사이   산간

生氣 ( ) : 생생한 기운   생기

生動 ( ) : 살아 움직임   생동

生食 ( ) : 날로 먹음   생식

食水 (식수) : 먹는 물

年下 (연하) : 나이가 적음

王名 (왕명) : 임금의 이름

外食 (외식) : 밖에서 음식을 사 먹음

外出 (외출) : 밖으로 나감

人家 (인가) : 사람이 사는 집

日時 (일시) : 날짜와 시간을 아울러 이르는 말

入校 (입교) : 학교에 들어감

自國 (자국) : 자기 나라

自問 (자문) : 자신에게 물음

場外 (장외) : 어떠한 곳의 바깥

長子 (장자) : 맏아들

地力 (지력) : 땅의 힘

天上 (천상) : 하늘 위

天下 (천하) : 하늘 아래 온 세상

活氣 (활기) : 활발한 기운

부록

반대자 – 뜻이 반대되는 한자

江(강 강)	↔	山(산 산)	上(윗 상)	↔	下(아래 하)
男(사내 남)	↔	女(계집 녀)	手(손 수)	↔	足(발 족)
内(안 내)	↔	外(바깥 외)	子(아들 자)	↔	女(딸 녀)
冬(겨울 동)	↔	夏(여름 하)	前(앞 전)	↔	後(뒤 후)
老(늙을 로)	↔	少(젊을 소)	左(왼쪽 좌)	↔	右(오른쪽 우)
問(물을 문)	↔	答(대답할 답)	天(하늘 천)	↔	地(땅 지)
物(물건 물)	↔	心(마음 심)	春(봄 춘)	↔	秋(가을 추)
山(산 산)	↔	川(내 천)	出(날 출)	↔	入(들 입)

반대어 – 뜻이 반대되는 한자어

口語(구어)	↔	文語(문어)	手動(수동)	↔	自動(자동)
國内(국내)	↔	海外(해외)	入金(입금)	↔	出金(출금)
内面(내면)	↔	外面(외면)	子正(자정)	↔	正午(정오)
冬至(동지)	↔	夏至(하지)	前方(전방)	↔	後方(후방)
登校(등교)	↔	下校(하교)	左手(좌수)	↔	右手(우수)
北上(북상)	↔	南下(남하)	出口(출구)	↔	入口(입구)

유의자 – 뜻이 비슷한 한자

洞(마을 동)	=	里(마을 리)	正(바를 정)	=	直(바를 직)
算(셈 산)	=	數(셈 수)	出(날 출)	=	生(날 생)
生(살 생)	=	活(살 활)	便(편할 편)	=	安(편안할 안)

동음이의어 -음은 같으나 뜻이 다른 한자어

동문	同文	같은 글
	同門	같은 문
	東門	동쪽에 있는 문
명문	名文	이름난 글
	名門	이름난 집안
문답	問答	물음과 대답
	文答	글로 하는 회답
시장	市場	상품을 사고파는 일정한 장소
	市長	지방 자치 단체인 시의 책임자
인명	人名	사람의 이름
	人命	사람의 목숨
일기	日氣	날씨
	日記	날마다 그날그날 겪은 일이나 생각, 느낌 따위를 적는 개인의 기록
자음	字音	글자의 음
	子音	목, 입, 혀 따위의 발음 기관에 의하여 장애를 받으면서 나는 소리
전력	全力	모든 힘
	電力	전류에 의한 동력
전생	全生	온 생애
	前生	이 세상에 태어나기 이전의 생애
지면	地面	땅바닥
	紙面	종이의 겉면

사자성어 -네 글자로 이루어진 말

南男北女 (남남북녀)	우리나라에서 남자는 남쪽 지방 사람이 잘나고 여자는 북쪽 지방 사람이 고움을 이르는 말
男女老少 (남녀노소)	남자와 여자, 늙은이와 젊은이이란 뜻으로, 모든 사람을 이르는 말
男中一色 (남중일색)	남자의 얼굴이 썩 뛰어나게 잘 생김
東問西答 (동문서답)	동쪽을 묻는 데 서쪽을 대답한다는 뜻으로, 묻는 말에 대하여 전혀 엉뚱한 대답을 함
萬里長天 (만리장천)	아득히 높고 먼 하늘
名山大川 (명산대천)	이름난 산과 큰 내
百萬大軍 (백만대군)	아주 많은 병사로 조직된 군대를 이르는 말
不老長生 (불로장생)	늙지 아니하고 오래 삶
四面春風 (사면춘풍)	사면이 봄바람이라는 뜻으로, 언제 어떠한 경우라도 좋은 낯으로만 남을 대함
四方八方 (사방팔방)	여기저기 모든 방향이나 방면
四海兄弟 (사해형제)	사해란 온 천하를 가리키는 말로, 천하의 사람들은 모두 형제라는 뜻
山川草木 (산천초목)	산과 내와 풀과 나무라는 뜻으로, 자연을 이르는 말
上下左右 (상하좌우)	위·아래·왼쪽·오른쪽이라는 뜻으로, 모든 방향을 이르는 말
世上萬事 (세상만사)	세상에서 일어나는 온갖 일
十人十色 (십인십색)	열 사람의 열 가지 색이라는 뜻으로, 사람의 모습이나 생각이 저마다 다름
月下老人 (월하노인)	부부의 인연을 맺어준다는 전설상의 늙은이

二八靑春 (이팔청춘)	16세 무렵의 꽃다운 청춘
人山人海 (인산인해)	사람의 산과 사람의 바다라는 뜻으로, 사람이 헤아릴 수 없이 많이 모인 모양
一問一答 (일문일답)	한 번 물음에 대하여 한 번 대답함
一日三秋 (일일삼추)	하루가 삼 년 같다는 뜻으로, 몹시 애태우며 기다림을 이르는 말
自問自答 (자문자답)	스스로 묻고 스스로 대답함
自生植物 (자생식물)	저절로 나는 식물
全心全力 (전심전력)	온 마음과 온 힘
地上天國 (지상천국)	이 세상에서 이룩되는 자유롭고 풍족하며 행복한 사회
靑天白日 (청천백일)	푸른 하늘에서 밝게 비치는 해
草食動物 (초식동물)	풀을 주로 먹고 사는 동물
春夏秋冬 (춘하추동)	봄 · 여름 · 가을 · 겨울
土木工事 (토목공사)	흙과 나무를 써서 땅과 하천 따위를 고쳐 만드는 공사
八道江山 (팔도강산)	팔도의 강산이라는 뜻으로, 우리나라 전체의 강산을 이르는 말

약자 - 간략하게 줄여서 쓰는 글자

기본자		약자
氣	⇒	気
來	⇒	来

기본자		약자
世	⇒	卋
數	⇒	数

중앙에듀북스 Joongang Edubooks Publishing Co.
중앙경제평론사 | 중앙생활사 Joongang Economy Publishing Co./Joongang Life Publishing Co.

중앙에듀북스는 폭넓은 지식교양을 함양하고 미래를 선도한다는 신념 아래 설립된 교육·학습서 전문 출판사로서 우리나라와 세계를 이끌고 갈 청소년들에게 꿈과 희망을 주는 책을 발간하고 있습니다.

마법 술술한자 ③ (한자능력검정시험 7급)

초판 1쇄 발행 | 2013년 7월 24일
초판 7쇄 발행 | 2025년 7월 18일

지은이 | 박두수(DuSu Park)
펴낸이 | 최점옥(JeomOg Choi)
펴낸곳 | 중앙에듀북스(Joongang Edubooks Publishing Co.)

대　　표 | 김용주
책 임 편 집 | 박두수
본문디자인 | 박근영

출력 | 영신사　종이 | 에이엔페이퍼　인쇄·제본 | 영신사

잘못된 책은 구입한 서점에서 교환해드립니다.
가격은 표지 뒷면에 있습니다.

ISBN 978-89-94465-18-0(13700)

등록 | 2008년 10월 2일 제2-4993호
주소 | ㉾ 04590 서울시 중구 다산로20길 5(신당4동 340-128) 중앙빌딩
전화 | (02)2253-4463(代)　팩스 | (02)2253-7988
홈페이지 | www.japub.co.kr　블로그 | http://blog.naver.com/japub
네이버 스마트스토어 | https://smartstore.naver.com/jaub　이메일 | japub@naver.com
♣ 중앙에듀북스는 중앙경제평론사·중앙생활사와 자매회사입니다.

Copyright ⓒ 2013 by 박두수
이 책은 중앙에듀북스가 저작권자와의 계약에 따라 발행한 것이므로 본사의 서면 허락 없이는 어떠한 형태나 수단으로도 이 책의 내용을 이용하지 못합니다.

도서주문 www.japub.co.kr 전화주문: 02) 2253-4463
https://smartstore.naver.com/jaub 네이버 스마트스토어

중앙에듀북스/중앙경제평론사/중앙생활사에서는 여러분의 소중한 원고를 기다리고 있습니다. 원고 투고는 이메일을 이용해주세요. 최선을 다해 독자들에게 사랑받는 양서로 만들어드리겠습니다. **이메일** | japub@naver.com

7II-1	家	7II-6	空
7II-2	間	7II-7	氣
7II-3	江	7II-8	記
7II-4	車	7II-9	男
7II-5	工	7II-10	肉

빌 공

- 空間(공간) : 빈 틈
- 空白(공백) : 텅 비어서 아무것도 없음

집, 집안 가

- 家門(가문) : 집안
- 家長(가장) : 집안의 어른

기운, 날씨 기

- 氣力(기력) : 힘
- 日氣(일기) : 날씨

사이 간

- 年間(연간) : 한 해 동안
- 間食(간식) : 끼니와 끼니 사이에 음식을 먹음

기록할 기

- 記入(기입) : 기록하여 넣음
- 日記(일기) : 그날그날 겪은 일이나 감상 등을 기록함

강 강

- 江山(강산) : 강과 산
- 江南(강남) : 강의 남쪽

사내 남

- 男女(남녀) : 남자와 여자
- 男子(남자) : 남성으로 태어난 사람

수레, 차 거, 차

- 人力車(인력거) : 사람의 힘으로 끄는 수레
- 車中(차중) : 차 안

안 내

- 內外(내외) : 안과 밖
- 內衣(내의) : 안에 입는 옷

만들, 장인 공

- 人工(인공) : 사람이 하는 일
- 女工(여공) : 공장에서 일하는 여자

7II-11 農	7II-16 立
7II-12 答	7II-17 毎
7II-13 道	7II-18 名
7II-14 動	7II-19 物
7II-15 力	7II-20 方

설 립

- 立木(입목) : 서 있는 산 나무
- 自立(자립) : 남에게 의지하지 않고 스스로 섬

농사 농

- 農民(농민) : 농사짓는 사람
- 農家(농가) : 농사를 본업으로 하는 사람의 집

매양 매

- 每日(매일) : 날마다
- 每年(매년) : 해마다

대답할 답

- 文答(문답) : 글로 하는 회답
- 名答(명답) : 질문의 의도에 꼭 맞게 잘한 대답

이름 이름날 명

- 名山(명산) : 이름난 산
- 名言(명언) : 사리에 맞는 훌륭한 말

길 도

- 車道(차도) : 차가 다니는 길
- 人道(인도) : 사람이 다니는 길

물건 물

- 生物(생물) : 생명이 있는 물건
- 動物(동물) : 움직일 수 있는 물건

움직일 동

- 手動(수동) : 손의 힘으로 움직임
- 生動(생동) : 생기 있게 살아 움직임

모 사방 방

- 方田(방전) : 네모 반듯한 논
- 方面(방면) : 어떤 장소나 지역이 있는 방향

힘 력

- 人力(인력) : 사람의 힘
- 動力(동력) : 움직이게 하는 힘

7-11	林
7-12	面
7-13	命
7-14	問
7-15	丈
7-16	百
7-17	夫
7-18	算
7-19	色
7-20	夕

| 일백 | 백 | 수풀 | 림 |

- 百年(백년) : 100년
- 百方(백방) : 여러 방면

- 竹林(죽림) : 대나무 숲
- 山林(산림) : 산에 있는 숲

| 사내 남편 | 부 | 얼굴 | 면 |

- 農夫(농부) : 농사짓는 일을 직업으로 하는 사람
- 兄夫(형부) : 언니의 남편

- 面目(면목) : 얼굴 또는 체면
- 外面(외면) : 겉면 또는 보기를 꺼려 얼굴을 돌림

| 셈 | 산 | 명령할 목숨 | 명 |

- 合算(합산) : 합하여 셈함
- 心算(심산) : 마음속으로 치르는 셈 또는 속셈

- 王命(왕명) : 왕의 명령
- 生命(생명) : 목숨

| 빛 | 색 | 물을 | 문 |

- 同色(동색) : 같은 빛깔
- 物色(물색) : 물건의 빛깔

- 問答(문답) : 묻고 대답함
- 問安(문안) : 웃어른께 안부를 여쭘

| 저녁 | 석 | 글월 | 문 |

- 夕食(석식) : 저녁 밥
- 一夕(일석) : 하루 저녁

- 名文(명문) : 이름난 글
- 文學(문학) : 사상이나 감정을 언어로 표현한 예술

7-21 少	7-26 語
7-22 所	7-27 然
7-23 數	7-28 有
7-24 植	7-29 育
7-25 心	7-30 邑

말씀 어

- 國語(국어) : 한 나라의 국민이 쓰는 말
- 外來語(외래어) : 외국에서 들어와 국어처럼 쓰이는 말

적을 / 젊을 소

- 少言(소언) : 말이 적음
- 少年(소년) : 어린 사내아이

그럴 연

- 不然(불연) : 그렇지 아니함
- 自然(자연) : 사람의 힘이 더하여지지 않은 본래의 것

곳 소

- 名所(명소) : 이름난 곳
- 所見(소견) : 어떤 일을 보고 가지는 의견이나 생각

있을 유

- 有力(유력) : 세력이나 재산이 있음
- 有名(유명) : 이름이 널리 알려져 있음

셈 수

- 人數(인수) : 사람의 수
- 數學(수학) : 수량 및 공간의 성질에 관해 연구하는 학문

기를 육

- 生育(생육) : 낳아서 기름
- 教育(교육) : 지식과 기술 따위를 가르치며 인격을 길러줌

심을 식

- 植木(식목) : 나무를 심음
- 植物(식물) : 심어져 있는 물건

고을 읍

- 邑內(읍내) : 읍의 안
- 邑長(읍장) : 지방 행정 구역인 읍의 우두머리

마음 심

- 心中(심중) : 마음속
- 女心(여심) : 여자의 마음

7II-21	不
7II-22	事
7II-23	上
7II-24	姓
7II-25	世
7II-26	手
7II-27	市
7II-28	時
7II-29	食
7II-30	妄

손 수

- 手工(수공) : 손으로 하는 공예
- 手記(수기) : 자기의 체험을 손수 기록함

아닐 불

- 不動(부동) : 움직이지 않음
- 不足(부족) : 넉넉하지 못함

시장 행정구역 시

- 市道(시도) : 시장 안의 길
- 市長(시장) : 행정구역인 시를 대표하는 우두머리

일 사

- 記事(기사) : 사실을 기록함
- 事物(사물) : 일과 물건을 아울러 이르는 말

때 시

- 時間(시간) : 시각과 시각의 사이
- 日時(일시) : 날짜와 시간을 아울러 이르는 말

윗 오를 상

- 江上(강상) : 강의 위
- 北上(북상) : 북쪽으로 올라감

밥 먹을 식

- 食事(식사) : 밥 먹는 일
- 韓食(한식) : 우리나라 고유의 음식

성 성

- 姓名(성명) : 성과 이름
- 姓氏(성씨) : 성을 높여 부르는 말

편안할 안

- 不安(불안) : 마음이 편안하지 아니함
- 安心(안심) : 걱정이 없이 마음을 편안히 가짐

세대 세상 세

- 世子(세자) : 왕위를 이을 아들
- 世上(세상) : 사람이 살고 있는 지구 위

7II-31 午	7II-36 全
7II-32 右	7II-37 前
7II-33 子	7II-38 電
7II-34 自	7II-39 正
7II-35 場	7II-40 足

온전할 全

- 全身(전신) : 온 몸
- 全國(전국) : 온 나라

낮 午

- 上午(상오) : 오전
- 下午(하오) : 오후

앞 前

- 前方(전방) : 앞쪽
- 事前(사전) : 일이 일어나기 전

오른쪽 右

- 右手(우수) : 오른손
- 右方(우방) : 오른쪽

번개 전기 電

- 電力(전력) : 전류에 의한 동력
- 電車(전차) : 전력을 받아 궤도 위를 다니는 차

아들 子

- 長子(장자) : 맏아들
- 母子(모자) : 어머니와 아들

바를 正

- 正答(정답) : 옳은 답
- 正道(정도) : 올바른 길

스스로 自

- 自生(자생) : 스스로 살아감
- 自動(자동) : 스스로 움직임

발 만족할 足

- 手足(수족) : 손과 발 또는 자기 마음대로 부릴 수 있는 사람
- 自足(자족) : 스스로 만족하게 여김

마당 場

- 入場(입장) : 들어감
- 工場(공장) : 물건을 만들어 내는 곳

7-31 入	7-36 重
7-32 字	7-37 地
7-33 祖	7-38 紙
7-34 主	7-39 千
7-35 住	7-40 夭

무거울 중요할 　중

- 重大(중대) : 매우 중요하고 큼
- 重力(중력) : 지구상의 물체가 지구 중심으로부터 받는 힘

들 　입

- 入手(입수) : 손에 들어옴
- 入口(입구) : 들어가는 어귀

땅 　지

- 土地(토지) : 땅
- 大地(대지) : 대자연의 넓고 큰 땅

글자 　자

- 文字(문자) : 글자
- 日字(일자) : 날짜

종이 　지

- 白紙(백지) : 흰 종이
- 紙面(지면) : 종이의 겉면

할아비 조상 　조

- 祖父(조부) : 할아버지
- 祖上(조상) : 할아버지 이상의 대대의 어른

일천 　천

- 千年(천년) : 1,000년
- 千字文(천자문) : 일천 개의 글자로 이루어진 글

주인 주될 　주

- 主人(주인) : 물건의 임자
- 民主(민주) : 백성이 주권을 가지고 주인 노릇함

하늘 　천

- 天國(천국) : 하늘나라
- 天地(천지) : 하늘과 땅

살 　주

- 安住(안주) : 편안하게 삶
- 住民(주민) : 그 땅에 사는 백성

7-41 川

7-42 草

7-43 村

7-44 秋

7-45 春

7-46 出

7-47 便

7-48 夏

7-49 花

7-50 休

날 　　 출	내 　　 천
· 出生(출생) : 태어남 · 出入(출입) : 나가고 들어감	· 大川(대천) : 큰 내 · 山川(산천) : 산과 내라는 뜻으로 자연을 일컫는 말
편할 똥오줌 　　 편 변	풀 　　 초
· 便安(편안) : 편하고 걱정 없이 좋음 · 小便(소변) : 오줌	· 草木(초목) : 풀과 나무를 아울러 이르는 말 · 草家(초가) : 짚이나 갈대 따위로 지붕을 인 집
여름 　　 하	마을 　　 촌
· 夏至(하지) : 밤이 짧고 낮이 가장 긴 절기 · 春夏秋冬(춘하추동) : 봄, 여름, 가을, 겨울	· 江村(강촌) : 강가의 마을 · 村長(촌장) : 마을의 어른
꽃 　　 화	가을 　　 추
· 花草(화초) : 꽃과 풀 · 生花(생화) : 살아 있는 꽃	· 千秋(천추) : 썩 오랜 세월 · 秋色(추색) : 가을 빛 또는 가을의 경치
쉴 　　 휴	봄 　　 춘
· 休日(휴일) : 쉬는 날 · 休學(휴학) : 일정기간 학업을 쉼	· 春色(춘색) : 봄의 아름다운 빛 · 春秋(춘추) : 봄과 가을 또는 나이의 높임말

7II-41 左	7II-46 海
7II-42 直	7II-47 話
7II-43 平	7II-48 活
7II-44 下	7II-49 孝
7II-45 漢	7II-50 後

| 바다 | 해 | 왼쪽 | 좌 |

- 海水(해수) : 바닷물
- 海外(해외) : 바다의 밖 곧 외국

- 左手(좌수) : 왼손
- 左右(좌우) : 왼쪽과 오른쪽

| 말씀 이야기 | 화 | 곧을 바를 | 직 |

- 手話(수화) : 손짓으로 말하는 것
- 電話(전화) : 전화기로 말을 주고받음

- 正直(정직) : 바르고 곧음
- 直立(직립) : 꼿꼿하게 바로 섬

| 살 | 활 | 평평할 평상시 | 평 |

- 生活(생활) : 살아서 활동함
- 活動(활동) : 몸을 움직여 행동함

- 平面(평면) : 평평한 표면
- 平時(평시) : 평상시

| 효도 | 효 | 아래 내릴 | 하 |

- 孝子(효자) : 부모를 잘 섬기는 아들
- 孝道(효도) : 부모를 잘 섬기는 도리

- 上下(상하) : 위아래
- 下山(하산) : 산을 내려감

| 뒤 | 후 | 한나라 | 한 |

- 前後(전후) : 앞과 뒤
- 後食(후식) : 식사 뒤에 먹는 간단한 음식

- 漢土(한토) : 중국 땅
- 漢文(한문) : 한자로 쓴 글이나 문학

7-1 歌	7-6 洞
7-2 口	7-7 登
7-3 旗	7-8 來
7-4 冬	7-9 老
7-5 同	7-10 里

마을 동

- 洞里(동리) : 마을
- 洞長(동장) : 마을의 우두머리

노래 가

- 國歌(국가) : 나라를 대표하는 노래
- 歌手(가수) : 노래 부르는 것을 직업으로 삼는 사람

오를 나갈 등

- 登山(등산) : 산에 오름
- 登校(등교) : 학교에 감

입 인구 구

- 口舌(구설) : 입과 혀 또는 시비하거나 헐뜯는 말
- 人口(인구) : 일정한 지역에 사는 사람의 수

올 래

- 來日(내일) : 오늘의 바로 다음날
- 來韓(내한) : 외국인이 한국에 옴

기 기

- 國旗(국기) : 나라를 상징하는 기
- 旗手(기수) : 군대나 단체 등의 대열 앞에 서서 기를 든 사람

늙을 로

- 老人(노인) : 늙은 사람
- 長老(장로) : 나이가 많고 덕이 높은 사람

겨울 동

- 立冬(입동) : 겨울이 시작 됨
- 冬心(동심) : 겨울과도 같이 차갑고 쓸쓸한 마음

마을 거리 리

- 里長(이장) : 마을의 어른
- 十里(십리) : 4km

같을 동

- 同年(동년) : 같은 해
- 同一(동일) : 다른 데가 없이 똑같음